Cristiano Pintaldi

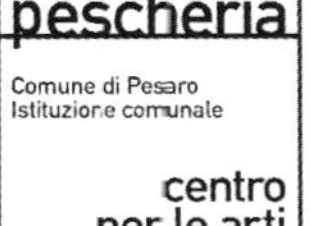

Cristiano Pintaldi

a cura di / edited by Costantino D'Orazio

CHARTA

Progetto grafico / Design
Gabriele Nason
con / with Daniela Meda

Coordinamento redazionale / Editorial Coordination
Emanuela Belloni

Redazione / Editing
Alessandro Prandoni
Debbie Bibo

Traduzioni / Translations
Karel Clapshaw

Ufficio stampa / Press Office
Silvia Palombi Arte&Mostre, Milano

Copertina / Cover
Ritratto, 2000
Acrilico su tela/Acrylic on canvas; 100x130 cm
Collezione/Collection Galleria Comunale d'Arte
Moderna e Contemporanea, Roma

Referenze fotografiche / Photo Credits
Claudio Abate, Roma
Xavier Antunes, Braga
Giuseppe Schiavinotto, Roma

Ci scusiamo se per cause indipendenti dalla nostra
volontà abbiamo omesso alcune referenze fotografiche.

We apologize if, due to reasons wholly beyond our
control, some of the photo sources have not been listed.

© 2002
Edizioni Charta, Milano

© Cristiano Pintaldi per le opere / for his works

© Gli autori per i testi / The authors for their texts

All rights reserved

ISBN 88-8158-395-X

Edizioni Charta
via della Moscova, 27
20121 Milano
Tel. +39-026598098/026598200
Fax +39-026598577
e-mail: edcharta@tin.it
www.chartaartbooks.it

Printed in Italy

Cristiano Pintaldi
1991–2001

Pesaro, Centro per le Arti Visive Pescheria
2 giugno – 7 luglio 2002
June 2 – July 7, 2002

Mostra a cura di / Curator
Costantino D'Orazio

Coordinamento organizzativo
Organization Coordinators
Alberto Barbadoro, Pescheria, Pesaro
Thomas Mattiucci, Pescheria, Pesaro
Benedetta Acciari, Futuro, Roma

Allestimento luci / Lighting
Domenicucci Broadcasting, Pesaro

Catalogo a cura di / Catalogue edited by
Costantino D'Orazio

Comune di Pesaro

Sindaco / Mayor
Oriano Giovanelli

Centro per le Arti Visive Pescheria
Istituzione Comunale

Consiglio d'amministrazione / Board of Directors

Presidente / President
Andrea Ugolini

Consiglieri / Board Members
Mariadele Conti
Antonio Delle Rose
Roberto Licini
Stefano Mariani

Direttore artistico / Artistic Director
Ludovico Pratesi

Direttore amministrativo / Administration Manager
Gaetano Vergari

Con il contributo di / With the support of

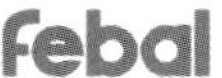

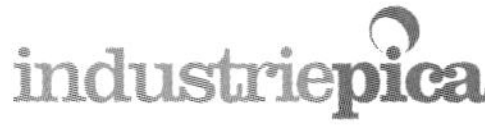

scm group

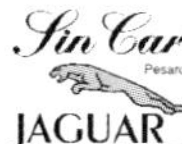

Con la partecipazione di / With the partecipation of

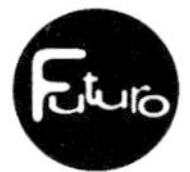

CONSULBROKERS

Galleria 1000eventi, Milano

Galleria No Code, Bologna

Galleria Sprovieri, London

Con la collaborazione di / With the collaboration of

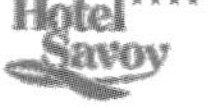

Si ringraziano i collezionisti che hanno concesso
i prestiti delle opere / We would like to thank the
lenders of the exhibited works

Sommario / Contents

Cristiano Pintaldi alla Pescheria

Ludovico Pratesi

In questi primi mesi di programmazione la Pescheria ha fissato le linee di un'attività che prevede, soprattutto, la presentazione di mostre personali e di progetti speciali di singoli artisti italiani appartenenti a tre periodi diversi, molto vicini tra loro ed estremamente significativi. Nel flusso continuo di "microgenerazioni"[1] che si sono avvicendate negli ultimi vent'anni, il Centro sta concentrando l'attenzione su alcune significative personalità emerse negli anni Ottanta,[2] accanto ad altre più giovani che si sono affermate negli anni Novanta[3] e accompagnate da alcuni emergenti.[4]

La personale di Cristiano Pintaldi alla Pescheria si inserisce nel progetto di ricognizione degli artisti italiani giunti all'attenzione nazionale nella seconda parte degli anni Novanta. La mostra raccoglie per la prima volta sei dipinti di grandi dimensioni dell'artista appartenenti a diverse fasi del suo lavoro dal 1991 ad oggi, che non sono mai state documentate nel loro sviluppo. La rassegna e questo libro sono stati concepiti come una sorta di diario di un artista che, all'età di trent'anni, è protagonista dell'arte contemporanea italiana da un decennio.

Conosco Cristiano Pintaldi dal 1991, quando vidi i suoi quadri alla Galleria 2RC di Roma: una vera sorpresa nell'ambito di una pittura romana che non riusciva a trovare nuove significative espressioni dopo l'affermazione della Transavanguardia. Il lavoro di Pintaldi partiva da un concetto completamente diverso, che rinunciava al potere del pennello sulla tela e alla commistione di culture e immaginari ereditati dal passato, per confrontarsi in modo diretto con le immagini dei mass media, spesso più forti e persuasive di tanta arte contemporanea. Per la prima volta, in modo dichiarato e con la medesima razionalità della tecnologia, un pittore aveva deciso di riportare nelle mani dell'uomo una delle più incredibili e determinanti invenzioni moderne: la televisione. Senza l'ironia e la critica sociale della Pop Art, senza la leggerezza di alcune ricerche "mediali" né forse la coscienza profonda del valore simbolico dell'operazione pittorica che stava elaborando. Il suo repentino successo di critica, ma soprattutto il favore riscosso dal pubblico affascinato dal sottile meccanismo ottico che Pintaldi sa riprodurre magicamente sulla tela con i pixel dipinti manualmente, sono stati confermati dalla vittoria di un premio alla Quadriennale del 1996[5] e dal successivo acquisto dell'opera da parte della Galleria Nazionale d'Arte Moderna e Contemporanea.

In questa sede non possiamo trascurare la sua partecipazione al Grande Fratello, evento televisivo che può rappresentare la quadratura del cerchio concettuale nel suo lavoro. In questo libro abbiamo voluto analizzare l'evoluzione della sua ricerca, selezionando alcuni tra i dipinti più significativi del suo intero percorso e, soprattutto, chiedendo a lui di definire il suo punto di vista sulla realtà. Costantino D'Orazio e Gianfranco Maraniello hanno riordinato per l'occasione le tessere di un mosaico in cui la televisione costituisce la finestra che si apre su un mondo a quattro dimensioni, in cui la realtà che noi viviamo è il sogno prodotto da Dio[6] e i pixel sullo schermo, finzione della realtà tangibile, diventano più veri delle forme sulla retina del nostro occhio.

1. Laura Cherubini, *Un colloquio, di nuovo*, in *Verso il Futuro. Identità nell'arte italiana 1990-2002*, Edizioni Charta, Milano, 2002.
2. Enzo Cucchi, luglio-settembre 2001; Mimmo Paladino e Domenico Bianchi, luglio-settembre 2002.
3. Cristiano Pintaldi, giugno-luglio 2002; Paola Pivi, ottobre-novembre 2002.
4. Francesco Gennari, marzo 2002.
5. Il quarto premio, assegnato da una giuria internazionale composta da Dan Cameron, Norman Rosenthal, Giovanni Carandente, Floriano De Santi.
6. Cristiano Pintaldi, nell'intervista in questo libro.

Cristiano Pintaldi at the Pescheria

Ludovico Pratesi

In these first months of programming, the Pescheria has marked out the ground-lines of an activity that primarily aims to present solo exhibitions and special projects of individual Italian artists belonging to three different periods that are very close together in time and extremely significant. Amid the constant flux of "microgenerations"[1] that have succeeded one another in the last twenty years, the Pescheria is concentrating its attention on certain significant personalities who came forward in the eighties,[2] some younger figures who made a name for themselves in the nineties[3] and others who are emerging now.[4]

The solo exhibition of Cristiano Pintaldi at the Pescheria forms part of a project of recognition of Italian artists who came to national attention in the latter part of the nineties. It provides the first showing of six large paintings by the artist that belong to various stages of his work from 1990 to the present and that have never been documented in terms of their development. The exhibition and this book have been conceived as a kind of diary of an artist who, at just over thirty, has been a leading figure in contemporary Italian art for the last ten years. I first came across Cristiano Pintaldi in 1991, when I saw his pictures at the Galleria 2RC in Rome: a genuine surprise in the context of the painting situation in Rome, which had not succeeded in finding significant new forms of expression since the achievement of the Transavanguardia. Pintaldi's work set out from a totally different concept, renouncing the power of paintbrush on canvas and a combination of culture and imagery inherited from the past and instead plunging into direct confrontation with the images of the mass media, often stronger and more persuasive than much contemporary art. This was the first time that a painter had decided, expressly and with technology's very own rationality, to restore one of the most incredible and decisive modern inventions—television—to human hands. Doing so without the irony and social criticism of pop art, without the lightness of certain "media" explorations and perhaps without a profound awareness of the symbolic value of the pictorial operation that he was devising. His sudden

critical success and, above all, the favorable attitude aroused in a public fascinated by the subtle optical mechanism that Pintaldi magically manages to reproduce on canvas by means of hand-painted pixels were confirmed by the winning of a prize at the Quadriennale in 1996[5] and the subsequent acquisition of his work by the Galleria Nazionale d'Arte Moderna e Contemporanea. In this context we cannot disregard his participation in Big Brother, a television event that may represent the squaring of the conceptual circle in his work. In this book we wished to analyze the evolution of his exploration by selecting some of the more significant paintings from his entire career and, above all, by asking him to define his attitude to reality. Costantino D'Orazio and Gianfranco Maraniello have put together the pieces of a mosaic in which television constitutes a window that opens onto a world in four dimensions, where the reality that we live is a dream produced by God[6] and the pixels on the screen, a pretence of tangible reality, become truer than the shapes on the retina of our eye.

1. Laura Cherubini, "Un colloquio, di nuovo," in *Verso il futuro. Identità nell'arte italiana 1990-2002*, Edizioni Charta, 2002.

2. Enzo Cucchi, July-September 2001; Mimmo Paladino and Domenico Bianchi, July-September 2002.

3. Cristiano Pintaldi, June-July 2002; Paola Pivi, October-November 2002.

4. Francesco Gennari, March 2002.

5. Fourth prize, awarded by an international jury made up of Dan Cameron, Norman Rosenthal, Giovanni Carandente and Floriano De Santi.

6. Cristiano Pintaldi, in this book's interview.

Le "vive figure" di Cristiano Pintaldi

Gianfranco Maraniello

I quadri di Cristiano Pintaldi sono familiari ed estranei al medesimo tempo. Se ne riconoscono facilmente i soggetti, sempre presi a prestito dalla televisione. La tecnica – quei pixel fatti di pittura che concorrono a realizzare un'unica immagine – sembra compiacente a un occhio allenato ai mosaici catodici del piccolo schermo. Sono opere non riproducibili, né replicabili, che solo dal "vero" palesano la loro ambigua distanza. Non solo si scopre che si tratta di pura pittura, senza compromessi con fotografie o stampe digitali; ma si è presto sorpresi dall'osservare che l'artista ha utilizzato tre soli colori per far emergere delle figure su uno sfondo nero: il rosso, il blu e il verde, che riempiono il perimetro ellittico di ogni "pixel del quadro" in corrispondenza a un preliminare studio della luce di un qualche fotogramma selezionato dall'artista. Pintaldi, infatti, non inventa delle composizioni, ma s'intrattiene su immagini popolari, continue repliche di film, telefilm, cartoni animati rimbalzate e diffuse all'infinito nelle case dei telespettatori. Come in un perfetto fermo-immagine, con un nitore, una definizione e un effetto fotografico che nessun videoregistratore può offrire, Pintaldi afferra una scena, la isola e la prolunga in un tempo estraneo al fluire della luce animata dal tubo catodico. La pensa e la disegna come se i propri occhi la figurassero in RGB. A mente scompone e ricompone l'immagine, la articola nelle diverse intensità luminose da assegnare al rosso, blu e verde; e sfida il fondo nero della propria tela dipingendo "lo stesso quadro" tre volte, una per ogni colore, servendosi di mascherine traforate e di chilometri di scotch perché l'aerografo non dia sbavature e sia "cieco" di fronte ai pixel non corrispondenti alla giusta tonalità cromatica. Solo dopo aver tolto l'ultima mascherina l'artista può vedere ricomposto il quadro a cui sta lavorando e che, procedendo per stratificazioni, non può osservare né correggere durante la realizzazione. Pintaldi, infatti, dipinge al buio e sul buio, senza poter visualizzare la propria opera prima che questa venga liberata dalle mascherine e nella speranza che gli atomi pittorici lasciati sulla tela diano un'anima al nero dello sfondo.

È un procedimento laborioso, fatto di attese e di una lentezza che pare contrastare il rapido e inafferrabile flusso di sequenze della televisione. La familiarità di tali immagini si scontra con l'inquietudine di un lavoro apparentemente inutile, ossessivo, di una pittura che si sofferma sui medesimi soggetti del piccolo schermo rendendoli però tangibili, fissandoli sulla tela, trasformandoli in presenze con cui intrattenersi, come fossero moderne versioni della concretezza che Florenskij attribuiva alle sacre icone, a quelle "vive figure" che circondano lo spazio dell'iconostasi, limite del mondo terreno. Sono opere che rinviano all'ostinato investimento di tempo da parte di un artista affidatosi al proprio esercizio manuale per la riconquista di un immaginario che scorre nel tubo catodico. Pintaldi contrappone un fare "umano" alla "fantasmatica" delle apparenze televisive e attua una *performance* senza pubblico, costituita dal suo ambiguo giocare con l'immateriale e il modo di percepire la luce, utilizzando, però, l'irriducibile consistenza del pigmento. Ma i suoi quadri sono anche tracce di un incerto rapporto con la tela, affrontata tenendosene lontano, con l'aerografo e quindi in modo molto diverso da quella protesi della mano che potrebbe essere offerta dal pennello. Lo spray gli consente di farsi spettatore a distanza, "telespettatore" di quel suo stesso lavoro organizzato con un calcolo apparentemente scientifico, ma che in realtà è quasi un azzardo se si considera che nessun computer o strumento tecnologico lo aiuta nella preparazione delle giuste "dosi di luce" con cui caricare il colore. E questa scommessa con l'immagine, questa ipotesi da verificare togliendo l'ultima mascherina, così come il calibrare la distanza del cavalletto per ottenere stranianti pitture che condensano un tempo d'esecuzione che si fa parte integrante dell'opera, originano una tecnica che è sempre un contraccolpo alla banalità del vedere. Contro la passività del telespettatore, Pintaldi interroga proprio la costruzione di un'immagine, il suo darsi, il suo inavvertito artificio. E se ne fa "artigiano". Impone il proprio tempo al fluire del televisivo, supera tale fugacità delle immagini con la propria ostinata sollecitudine nei riguardi di un istante, di un unico *frame* da dipingere. E comincia a declinare in modo sistematico questa tecnica già a partire dal 1991, quando il suo sguardo a tre colori investe personaggi di cartoni animati giapponesi: mostri, extraterrestri, androidi. L'alieno diventa il soggetto ricorrente e metamorfico delle sue tele: ora ha le sembianze di un UFO, ora di un robot, ora di protagonisti di celebri film di fantascienza. Nel 1992 diviene uno Stealth Bomber B2, un aereo da guerra statunitense divenuto famoso per il suo design futuribile. Pintaldi presenta questo quadro alla Aidan Gallery di Mosca, riscontrando la familiarità dei russi con quello che solo pochi anni prima era stato progettato come arma "segreta" dell'aviazione americana. Nel 1995 è l'immagine del Papa a farsi tramite per una vita extraterrestre, che eccede la nostra condizione terrena. Nel 1996 la mummia, tratta da un fotogramma di un famoso film horror, diviene il soggetto di un'altra serie di opere. Successivamente saranno dei pigmei a incarnare un mondo totalmente "altro". E poi quelle immagini memori di telefilm come *Spazio 1999* o della maschera di Tutankhamon, presenza ambigua del faraone in quel sarcofago che sta nel bilico tra vita terrena e al-di-là. L'alieno, il nemico, l'estraneo è paradossalmente noto, visto, percepito. È sempre immaginato, ossia posto in immagine, figurato. Quasi un effetto della nostra convivenza con il televisivo: l'alieno è fra noi, è quell'altro che ci è familiare, che siamo abituati a vedere, che è sempre sotto i nostri occhi. Incarna la distanza e, insieme, l'intimità di un mondo in cui *fiction* e realtà paiono confondersi. Pintaldi s'intrattiene in questa ambiguità; e giunge a complicarla. Alcuni suoi quadri entrano a far parte della scenografia della versione italiana del programma televisivo *Big Brother*: grandi occhi fatti di pixel pittorici sono affissi alle pareti di una casa in cui sono rinchiusi i concorrenti di un concorso televisivo che è il pretesto per una "spy-TV", l'occasione per un pubblico *voyeur* di convivere con un piccolo schermo che trasmette senza interruzione la banale quotidianità altrui ripresa dalle telecamere. I quadri di Pintaldi fanno così ritorno al televisivo da cui hanno avuto origine: vengono anch'essi filtrati da un obiettivo, ma con il para-dossale risultato che sullo schermo risultano snaturati. Il loro essere costituiti da pixel di pittura non può essere mostrato dalla ripresa TV. Non possono essere scomposti in luce e riconfigurati in RGB. Si perdono nell'essere tradotti in ulteriori pixel, sfuggono all'inavvertita abilità del telespettatore nel frequentare la decostruzione e la ricostruzione delle immagini elaborate dal tubo catodico. Innescano un cortocircuito che si accompagna a una perdita, quella della propria opera di fronte all'occhio della telecamera. Ma ancora una volta si tratta di un dispendio calcolato, di un gesto di batailleana *dépense*, di un sacrifico che fa segno oltre il visibile e che evidenzia il carattere di segreta *performance* nel lavoro di Pintaldi. Ed è una perdita che si accompagna al tempo "perso" per la realizzazione laboriosa di tali quadri. Tuttavia è un sacrificio che consente di guadagnare una dimensione etica, un dirottare l'interesse sulla prassi dell'artista, sulla sua gestualità che non asseconda ingenuamente l'odierna disponibilità di mezzi e la pericolosa deriva tecnologica. Esibisce un tempo non alienato, ma vissuto, praticato. Mette in mostra il fecondo fare improduttivo dell'arte e il suo riappropriarsi di una realtà inevitabilmente o, meglio, costitutivamente filtrata. E, seppure estremamente raffinato, ogni suo quadro è piuttosto da vedersi come la traccia di un agire capace di abitare la natura ambigua dell'immagine nell'epoca del "televisivo".

The "Living Figures" of Cristiano Pintaldi

Gianfranco Maraniello

Cristiano Pintaldi's paintings are familiar and at the same time strange. Their subjects, always taken from television, are easily recognizable. The technique, with its painted pixels that combine to form a single image, seems pleasing to an eye accustomed to the mosaics of the cathode tube on the small screen. These are works that cannot be reproduced or replicated, their ambiguous distance revealed only by the "genuine" picture. Not only does one discover that this is pure painting, without compromises with photography or digital images; but one is immediately surprised to see that the artist uses only three colors to make the figures emerge against a black background: red, blue and green, which fill the elliptical perimeter of each "picture pixel" in a pattern that corresponds to a prior study of the light in the particular frame selected by the artist. In fact, Pintaldi does not invent compositions but dwells on popular images, constant replicas of films, television films and cartoons that are infinitely relayed and received in the homes of television viewers. As if in a perfect image capture system, with a brightness, a definition and a photographic effect that no video recorder can offer, Pintaldi takes a scene, isolates it and prolongs it in an extension of time foreign to the flow of the animated light of the cathode tube. He thinks it and depicts it as if his own eyes were representing it in RGB. Mentally he analyzes and recomposes the image, organizing it in terms of the different intensities of luminosity that are to be assigned to red, blue and green; and he defies the black background of his own canvas by painting "the same picture" three times, one for each color, using pierced masks and kilometers of adhesive tape to prevent the airbrush from producing imperfections and to make it "blind" to pixels that do not correspond to the appropriate chromatic hue. Only when he has removed the final mask is the artist able to see, reconstituted, the picture on which he has been working and which, with his layered procedure, he cannot observe or correct as he is making it. So that Pintaldi paints in the dark and over darkness, unable to see his own work until it is released from its masks, hoping that the specks of paint that he

places on the canvas will give life to the blackness of the background. The procedure is a laborious one, full of waiting and marked by a slowness that seems to contrast with the rapid, imperceptible flow of television sequences. The familiarity of these images is at odds with the disquieting quality of work that is seemingly useless and obsessive, painting that dwells on the very same subjects as the small screen, making them tangible, fixing them on canvas, transforming them into presences with which to linger, as if they were modern versions of the concreteness that Florenskij attributed to sacred icons, those "living figures" set around the area of the iconostasis, the boundary of the earthly world. These are works that call attention to the obstinate investment of time by an artist who relies on manual activity for the reconquest of the imagery that flows within the cathode tube. Pintaldi pits a "human" procedure against the "shadowing" of television appearances and acts out a performance without an audience, playing ambiguously with the immaterial and the way in which light is perceived but using the irreducible consistency of pigment. Yet his paintings are also traces of an uncertain relationship with the canvas that he confronts from a distance, with an airbrush, and thus very differently from the manner of the prosthetic hand that might be provided by a paintbrush. The spray allows him to become a spectator at a distance, a "tele-spectator" of his own work, organized with what looks like scientific calculation but which in reality is almost a random process if one considers that no computer or technological instrument aids him in the preparation of the appropriate "doses of light" with which the color is applied. And this gamble with the image, the hypothesis verified by the removal of the final mask, and the gauging of the distance of the easel in order to obtain alienating paintings which condense a time of execution that becomes an integral part of the work give rise to a technique that constitutes a counter-blow against the banality of seeing. In contrast to the passivity of the television viewer, Pintaldi actually questions the construction of the image, the way in which it offers itself, its unheeded artifice. And he makes himself its "creator." He imposes his own time on the flow of television, overcoming the fleetingness of the images with his particular obstinate solicitude with regard to a single instant, a single frame to be depicted.

He began to deploy this technique systematically in 1991, when his tri-color view assailed characters from Japanese cartoons: monsters, extra-terrestrials and androids. The Alien became the recurrent, metamorphic subject of his paintings. Sometimes it looked like a UFO, sometimes a robot, sometimes characters from famous science fiction films. In 1992 it became a B2 Stealth Bomber, an American warplane famous for its futuristic design. Pintaldi presented this painting at the Aidan Gallery in Moscow, responding to the familiarity of the Russians with what only a few years before had been planned as one of the "secret" weapons of the American air force. In 1995 it was the image of the Pope that became a path to an extraterrestrial life exceeding our earth-ly condition. In 1996 a mummy taken from a still from a famous hor-ror film became the subject of another series of works. After which, pygmies embodied a totally "other" world. And then memorable images from television films, such as *Spazio 1999* (Space 1999), or the mask of Tutankhamen, the ambiguous presence of the Pharaoh in the sarcoph-agus poised between earthly life and the beyond. The alien, the enemy, the stranger is paradoxically noted, seen, perceived. Always imagined—in other words, placed in an image, represented figuratively. Almost an effect of our coexistence with the world of television: the alien is among us, it is the otherness that is familiar to us, that we are accus-tomed to seeing, that is always before our very eyes. It embodies the distance and, at the same time, the intimacy of a world in which fiction and reality seem to merge. Pintaldi dwells on this ambiguity and suc-ceeds in making it more complex. Some of his paintings became part of the setting of the Italian version of the television program Big Brother. Large eyes composed of painted pixels were arranged on the walls of a house in which the participants in a television contest were shut up as

a pretext for a "spy TV" program, an opportunity for a voyeuristic audi-ence to share the banal everyday life of other people captured by tele-vision cameras and broadcast on the small screen.

Thus Pintaldi's paintings return to the world of television from which they came. They, too, are filtered by a lens, but with the paradoxical result that on the screen they seem altered. The fact that they consist of pixels of paint cannot be shown by a television image. They cannot be broken down into light and redefined in terms of RGB. They are lost in the process of being translated into further pixels, they elude the tel-evision viewer's unnoticed facility for participating in the deconstruc-tion and reconstruction of images created by the cathode tube. They spark off a short circuit accompanied by a loss, that of the very work that faces the eye of the television camera. But once again it is a cal-culated expenditure, a gesture of what Bataille calls *dépense*, a sacrifice that points beyond what is visible and reveals the quality of secret per-formance in Pintaldi's work. It is also a loss that accompanies the time "lost" in the laborious creation of these paintings. Yet this sacrifice makes it possible to acquire an ethical dimension, redirecting interest to the artist's practice, to a gestural quality that does not naively go along with the modern availability of means and the perilous drift of tech-nology. It exhibits a time that is not estranged but lived and practiced. It displays the prolific, unproductive activity of art and its reappropria-tion of a reality that inevitably—or, rather, by its very nature—is filtered. And, notwithstanding the extreme refinement of these paintings, each one is to be seen rather as a trace of an activity that is capable of inhabiting the ambiguous nature of the image in this "television age."

Il grande occhio alieno

Intervista con Cristiano Pintaldi a cura di Costantino D'Orazio

Costantino D'Orazio: *Partiamo da lontano, dal rapporto tra il tuo lavoro e l'arte del passato. Probabilmente il riferimento più immediato è all'uso del colore che hanno elaborato gli artisti del divisionismo francese, penso soprattutto a Seurat e Signac. Cominciamo proprio dall'uso del nero, sfondo dei tuoi quadri: da cosa nasce?*

Cristiano Pintaldi: Ho elaborato una ricerca del colore che ha molti legami con la tradizione, antica e recente, ma ho attribuito al colore un valore simbolico. Il nero, ad esempio, è il vuoto, sia a livello cromatico sia a livello concettuale. Come il vuoto è lo stato di partenza in cui ha operato Dio per costruire il sogno della realtà, così il nero è la base e il tutto nel quale galleggiano i miei pixel. È un vuoto altamente simbolico, che scaturisce dalla considerazione che la realtà è una e trina, come i miei quadri. La prima parte è costituita dalla realtà tangibile, la seconda dalla televisione e la terza è il quadro. Il quadro è fatto dell'una e dell'altra. Ogni singolo pixel, isolato, non funziona. In maniera analoga, non puoi isolare dei pezzi di realtà. Inoltre, il quadro è opera dell'uomo dalla quale è escluso il computer, anche se non si tratta di una sfida alla tv e alla tecnologia, ma di una riaffermazione della realtà.

CDO: *Il nero quindi non è solo la base della tua pittura?*

CP: Il nero rimane visibile anche a quadro ultimato. È il luogo nel quale galleggia l'immagine. È una parte della realtà, perché la realtà è vuota. Per me la materia non esiste: noi siamo vuoto e basta. Molti elementi ci fanno percepire questo concetto. La realtà virtuale ne è il più chiaro esempio: più è verosimile, più dà la sensazione di vivere qualcosa che fisicamente non vivi. Nel sogno è ancora più chiaro, perché il sogno è una parte della realtà. Nel sogno abbiamo la stessa cognizione della realtà, anzi credo che la realtà quotidiana, che viviamo da "svegli", sia un sogno stabile.

CDO: *In questo discorso come si inseriscono gli alieni, che sono i principali protagonisti dei tuoi primi quadri?*

CP: In America quasi il 50% della filmografia, della fiction (Grande Fratello, Truman Show, Matrix, X-Files) e della letteratura (Stephen King, Michael Crichton), sta cercando di costruire una coscienza del nostro rapporto con l'Alieno, ricerca che è sempre stata presente nel mio lavoro, anche quando non l'avevo identificata. Il mio lavoro delle origini, dedicato ai cartoon (1990-91), è molto legato agli alieni: quasi tutti i protagonisti erano extraterrestri, come il cartone animato Lamù.
L'opera *Game Over* (1991) indicava il punto in cui eravamo e che oggi abbiamo superato. Non è un limite che indica la fine, come la dicitura "The End" nei film, perché se il giocatore inserisce una nuova moneta può riprendere il gioco da dove si è interrotto. *Game Over* è il momento di passaggio tra la fine di una partita e l'inizio di un'altra; è il confine tra quello che la realtà è stata fino a oggi e quello che la realtà sta per diventare. Con il passaggio al Terzo Millennio molte cose sono cambiate: per esempio, gli Alieni hanno comunicato con la Terra.

CDO: *Come hai avuto questa notizia?*

CP: In Inghilterra il 25 agosto 2001 è stato ricevuto un messaggio alieno scritto con un codice terrestre: sembrerebbe la risposta a un precedente messaggio radio da noi inviato agli extraterrestri nel 1974. Nel nostro segnale erano contenute, in codice binario, una serie di informazioni relative ad alcune caratteristiche della vita terrestre: il risultato era un segno grafico rappresentante il nostro DNA e il Sistema Solare, e altri dati relativi agli esseri umani. L'estate scorsa, tra i numerosi "Crop Circles" apparsi in Inghilterra, ne è stato individuato uno (in un campo di fronte a un radiotelescopio) che è la risposta alla nostra domanda. Assieme alla raffigurazione di un volto simile a quello che apparse nelle prime fotografie scattate qualche anno fa sulla superficie di Marte, si trova un'indicazione della natura aliena rispetto a noi uomini: il loro diverso DNA, lo schema classico della figura aliena con la testa più grande del corpo, poi un segno che l'anno prima era stato realizzato nello stesso campo. L'unica possibilità che questi "Crop Circles" siano uno scherzo, dunque non prodotti alieni e fenomeni interdimensionali, è che li stia realizzando un satellite americano molto avanzato. Questi "Crop Circles" costituiscono i soggetti dei miei prossimi lavori.

CDO: *Anche tu hai costruito un codice con il quale elabori i tuoi quadri, che possiamo quasi considerare dei messaggi cifrati. I colori sono ordinati sullo schermo televisivo attraverso il codice binario. Anche il tuo codice è legato a un calcolo matematico?*

CP: Gestisco in qualche modo i miei colori al buio. Soltanto quando scopro un mio quadro dalla mascherina che delinea i pixel sono sicuro che sia riuscito. Nel dipingere riesco a gestire totalmente il mio istinto, che svolge un ruolo fondamentale: ormai è l'istinto a dirmi quale colore e in che quantità va collocato. In *01* (2001) non ho sbagliato un solo pixel su quasi un milione. Non sbagliare tutti i passaggi e tutte le velature è ai limiti dell'umano, ma ormai navigo in questa tecnica prodotta da anni di ricerca, seppure determinata di fatto dall'istinto. Ho studiato dei parametri per muovermi al buio.

CDO: *Tu non tocchi il quadro con il pennello, ma spruzzi il colore. Hai un rapporto con la tela molto particolare: come mai?*

CP: Proietto l'immagine come il corpo quando viene teletrasportato. Spruzzo una polvere. Non c'è contatto tra aerografo e superficie del quadro, non c'è riga né contorno. Per questo nessuno può copiare un mio quadro, perché non ci sono riferimenti. Se copiassi i pixel non avresti comunque il quadro, perché a quadro finito non vedi più la velatura. Neanche io saprei ritrovarla.

CDO: *Siamo all'opposto del concetto dell'opera d'arte nell'epoca della sua riproducibilità tecnica...*

CP: Il mio lavoro dimostra il contrario, perché tecnicamente non è possibile riprodurre i miei quadri. Nessuno stampatore potrà renderli come sono dal vero. Non si può mai ottenere lo stesso tipo di qualità. Quando mi capita di ripetere alcuni soggetti, magari un particolare o un formato più piccolo, ridipingo il quadro, non lo riproduco: i due verranno simili, mai uguali.

CDO: *Di fatto, come ha scritto Mario Codognato, prendi un'immagine riproducibile all'infinito, come quella televisiva, e la rendi unica.*

CP: La mia è una sorta di alchimia: fermo un flusso costante. La realtà va avanti così come la televisione. L'apparente fermo-immagine, dal quale traggo i miei soggetti, non è un fermo, ma una proiezione continua della stessa immagine sullo schermo. Il quadro invece è fermo e sempre uguale a se stesso. Ecco perché lo considero la terza parte della realtà, una dimensione nuova. Il funzionamento della televisione spiega bene la natura della realtà. Se guardi un canale, sai che esiste e si muove anche un altro canale, ma non lo percepisci finché non cambi stazione. Il cambio dimensionale è simile al cambio di canale: non ci muoviamo eppure stiamo cambiando dimensione.

CDO: *Per questo hai dipinto i fulmini?*

CP: Il fulmine è l'attimo che non si può fermare e rappresentare. È un *frame* televisivo, ma è anche il simbolo di Dio che cade dal cielo alla Terra. Nel mio percorso ha significato il passaggio dalla rappresentazione degli alieni ai pigmei, come se fosse l'immagine dell'astronave che atterra nella foresta. D'altra parte io ho rappresentato lo sguardo degli uomini sui pigmei attraverso le telecamere: per loro noi siamo degli alieni.

CDO: *Nel 1999 sei passato a dipingere le espressioni di uomini e donne che sono entrati in contatto con gli alieni. Perché?*

CP: In fondo dipingo quello che vivo. Hollywood da 50 anni sta realizzando consciamente e inconsciamente una serie di film per preparare l'umanità al contatto tra uomini ed extraterrestri, anche se all'umanità non viene dichiarato.

CDO: *Oggi stai dipingendo la maschera funeraria di Tutankhamon: il passaggio tra la vita e la morte.*

CP: Tutankhamon era il Sole, l'Oro, Dio in Terra. In Egitto il Faraone incarnava la coscienza del rapporto tra realtà, sogno e quarta dimensione: la coscienza della realtà simbolica, come *Il terzo occhio* (1999)...

CDO: *...che tu hai collocato all'interno della casa del Grande Fratello.*

CP: Nella casa del Grande Fratello i miei quadri erano l'unica cosa reale perché erano costituiti di pixel, come lo schermo televisivo che li stava rappresentando. Anche le persone e gli oggetti in quella casa erano restituiti dalla TV con i pixel, pur non essendo quella la loro natura. Con questa operazione ho collocato i miei occhi su quei ragazzi, dietro la casa e dietro la televisione. Sono entrato fisicamente nella casa e ne sono uscito per rientrarvi di nuovo attraverso un quadro, dove mi sono autoritratto dentro quelle stanze. Ho chiuso il cerchio su una realtà che è il simbolo della nostra condizione quotidiana, dove potenzialmente tutti noi potremmo avere una telecamera puntata addosso in ogni momento della giornata. Con internet siamo tutti legati e potenzialmente controllati. Tutti abbiamo un telefono cellulare controllabile. Ogni nostra azione è sempre più registrata e sempre più controllata, dalla telefonata al prelievo bancomat. Siamo abituati a rimanere nel tempo e nello spazio.

The Great Alien Eye

Interview with Cristiano Pintaldi by Costantino D'Orazio

Costantino D'Orazio: *Let's go back a long way, to the relationship between your work and the art of the past. Probably the most immediate reference is to the use of color devised by the French Divisionist artists, thinking especially of Seurat and Signac. We could start directly with the use of black, the background in your paintings: where does it come from?*

Cristiano Pintaldi: I've carried out an investigation of color that has many connections with tradition, ancient and modern, but giving color a symbolic value. Black, for example, is emptiness, either on a chromatic level or on a conceptual level. Just as the void was the initial state in which God worked to construct the dream of reality, black is the basis and the totality in which my pixels float. It's a highly symbolic emptiness, which comes from the consideration that reality is three in one, like my paintings. The first part is made up of tangible reality, the second is television, and the third is the painting. The painting is made from each of the other two. An individual pixel in isolation doesn't work. You can't isolate pieces of reality like that. Moreover, a painting is a human construct from which the computer is excluded, although this isn't about a challenge to television and technology but a reaffirmation of reality.

CDO: *So that black is not just the background in your painting?*

CP: The black remains visible even in the finished painting. It's the place in which the image floats. It's a part of reality, because reality is empty. For me, matter doesn't exist. We're empty, and that's that. Many things help us to see this concept. Virtual reality is the clearest example: the more lifelike it is, the more it gives one the feeling of experiencing something that physically isn't alive. In a dream it becomes even clearer, because the dream is the reality. In a dream we

have the same cognition of reality, and that's why I believe that even the everyday reality that we experience in our "waking" moments is a stable dream.

CDO: *How do the aliens that are the main focus in your early paintings fit into this discussion?*

CP: In America nearly 50% of films and fiction (*Big Brother*, *Truman Show*, *Matrix*, *X-files*) and literature (Stephen King, Michael Crichton) are trying to construct an awareness of our relationship with the Alien, an inquiry that has always been present in my work, even when I hadn't yet identified it. My very early work, devoted to cartoons (1990-91), was very much bound up with aliens, because almost all the main characters were extraterrestrials, like the cartoon figure Lamù (Urusei Yatsura).
The work *Game Over* (1991) indicated the point that we'd reached and that now we've moved beyond. It's not a limit that indicates an end, like the words "The End" in films, because if the player inserts another coin he can go on with the game where he left off. *Game Over* is the moment of transition between the end of one game and the beginning of another. It's the boundary between what reality has been up to now and what reality is about to become. With the transition to the Third Millennium a lot of things have changed. For example, Aliens have communicated with earth.

CDO: *How did you find out about that?*

CP: In England, on 25 August 2001, an alien message arrived, written in an earthly code, a reply to a radio message sent by us to extraterrestrials in 1974. In our signal, various bits of information about earth were written in binary code. The result was represented by a graphic pattern that included an indication of our DNA and the solar system and other data associated with human beings. Last summer, among the numerous "crop circles" that appeared in England, one in particular contained a specific response to our question, in a field next to a radio telescope. One of the crop circles represented a face, similar to the one that appeared in the first photographs ever taken on Mars. Another indicated the variations in the nature of the aliens with respect to the nature of human beings: their different DNA, the classical pattern of the alien body, with the head larger than the body, and then there was a sign that appeared in the same field the year before. The only possibility that those crop circles might be a joke and not made by aliens and inter-dimensional phenomena is if they were made by a very advanced American satellite. Crop circles are the subject of my forthcoming work.

CDO: *You, too, have constructed a code with which you create your paintings, which we might almost consider as coded messages. Colors are arranged on a television screen by means of binary code. Is your code also connected with some mathematical calculation?*

CP: I work out my colors in the dark, as it were. Only when I discover my painting in the mask that's delineated by the pixels am I sure that I've succeeded. When I paint, I take the risk of working entirely by instinct, which plays a fundamental part. So that it's instinct that tells me what color to put where and in what quantity. In *01* (2001) I didn't make a single mistake in almost a million pixels. Not making any mistakes in all the transitions and layers is at the very limit of human possibilities, but now I find my way with this technique that is the result of years of research but is actually determined by instinct. I've studied the parameters for moving in the dark.

CDO: *You don't touch the painting with a brush, you spray the color on. You have a very special relationship with the canvas. How does that work?*

CP: I project the image, like a body when it's beamed through space. I spray a powder. There's no contact between the airbrush and the surface of the painting, there are no strokes or outlines. So nobody can copy one of my paintings, because there are no points of reference. If you were to copy the pixels, you still wouldn't have the painting, because in the finished painting you no longer see the layers. Not even I could obtain the same painting again.

CDO: *We are at the opposite pole from the concept of the work of art in an age of technical reproducibility...*

CP: My work shows the opposite of that, because technically it isn't possible to reproduce my paintings. No printer could render them the way they really are. You can never obtain the same kind of quality. When I happen to repeat certain subjects, perhaps a particular detail or a smaller format, I paint the picture again, I don't reproduce it. The two paintings will turn out similar, but never exactly the same.

CDO: *In fact, as Mario Codognato has written, you take an image that is infinitely reproducible, such as a television image, and you make it unique.*

CP: What I do is a kind of alchemy. I arrest a constant flow. Reality goes on, like television. The apparently arrested image from which I obtain my subjects is not still, it's a continuous projection of the same image on the screen. But the painting is still and is always the same. That's why I consider it a third part of reality, a new dimension. The way television works provides a good explanation of the nature of reality. If you watch one particular channel, you know that another channel also exists and is in motion, but you don't perceive it until you change stations. Changing dimensions is similar to changing channels. We don't move, but we change dimension.

CDO: *Is that why you've painted lightning?*

CP: Lightning is an instant that can't be halted or represented. It's a television "frame," but it's also a symbol of God that falls to earth from the sky. In my development it represented the transition from the representation of aliens to Pygmies, as if it were the representation of a spaceship landing in the forest. I also represented the way that people see Pygmies through television cameras. Really, aliens is what we are for them.

CDO: *In 1999 you started painting the expressions of men and women who have come into contact with aliens. Why?*

CP: Basically, I paint what I experience. For fifty years, consciously or unconsciously, Hollywood has been making a series of films to prepare human beings for contact with extraterrestrials, even though human beings haven't been told about it.

CDO: *Now you're painting Tutankhamen's funeral mask: the transition between life and death.*

CP: Tutankhamen was the sun, gold, God on earth. In Egypt, the Pharaoh embodied the awareness of the relationship between reality,

dreams and the fourth dimension: the awareness of symbolic reality, *Il terzo occhio* (The Third Eye, 1999)...

CDO: *...which you have placed inside the house that they used in* Big Brother.

CP: In the *Big Brother* house my paintings were the only thing that was real, because they were made up of pixels, like the television screen that was presenting them. The people and the objects in the house were reconstituted by television in terms of pixels, which is not their nature. Through that operation I laid my eyes on those youngsters, following on after the house and the television. I physically entered the house, I went out of it and re-entered through a painting in which I made a self-portrait of myself in those rooms. I closed the circle on a reality that is the symbol of our everyday condition, where potentially we could all have a television camera pointing at us at any point of the day. With Internet we are all connected and potentially monitored. We all have a mobile phone that can be monitored. All of our actions are increasingly recorded and increasingly monitored, from making a telephone call to drawing money from an ATM. We're accustomed to persisting in time and space.

Opere / Works

30.000 pixels

Tela grezza, dipingo tre strati di gesso nero, applico la mascherina sulla tela nera, disegno da progetto con matita bianca (su tela e mascherina nera), applico il primo strato di scotch lasciando scoperto il primo colore (ROSSO), disegno con pennarello nero sullo scotch (750 metri di scotch consumati), pulitura della matita bianca, disegno le basi col pennarello, dipingo con l'aerografo i primi strati di acrilico rosso, stacco il secondo strato di scotch, pittura finale del quadro rosso, stacco e sostituisco lo scotch lasciando scoperto il secondo colore (VERDE), disegno con pennarello nero su scotch, applico il secondo strato di scotch (1.500 metri di scotch consumato), pulitura della matita bianca, disegno le basi col pennarello, dipingo con l'aerografo i primi strati di acrilico verde, stacco il secondo strato di scotch, pittura finale del quadro verde, stacco e sostituisco lo scotch lasciando scoperto il terzo colore (BLU), disegno con pennarello nero su scotch, applico il secondo strato di scotch (2.250 metri di scotch consumati), pulitura della matita bianca, disegno le basi col pennarello, dipingo con l'aerografo i primi strati di acrilico blu, stacco il secondo strato di scotch, pittura finale del quadro blu, ritocchi finali sui tre colori. Quadro finito.

Cristiano Pintaldi

New canvas, I paint three layers of black gesso, put the screen on the black canvas, draw the project in white pencil (on the canvas and the black screen), apply the first layer of scotch tape leaving the first color (RED) exposed, draw on the tape with black pen, apply the second layer of scotch tape (750m of used tape), the white drawing is cleaned off, I draw the base by black felt-pen, airbrush the first layers in red acrylic, remove the second layer of tape, finish painting the red square, remove and replace the tape leaving the second color (GREEN) exposed, draw in black felt-pen on the tape, apply the second layer of tape (1500m of used tape) clean off the white pencil, draw the base with black felt-pen, airbrush the first layer in green acrylic, remove the second layer of tape, final painting of the green square, remove and replace the tape leaving the third color (BLUE) exposed, draw in black pen on the scotch tape, apply the second layer of tape (2250m of used tape), the white pencil is cleaned off, I draw the base with black felt-pen, airbrush the first layer in blue acrylic, remove the second layer of tape, final painting of the blue square, make finishing touches to the three colors. Painting finished.

Trasmissione 2, 1990

Olio su tela/Oil on canvas
150x200 cm
Proprietà dell'artista/Artist's collection, Roma
Photo Giuseppe Schiavinotto, Roma

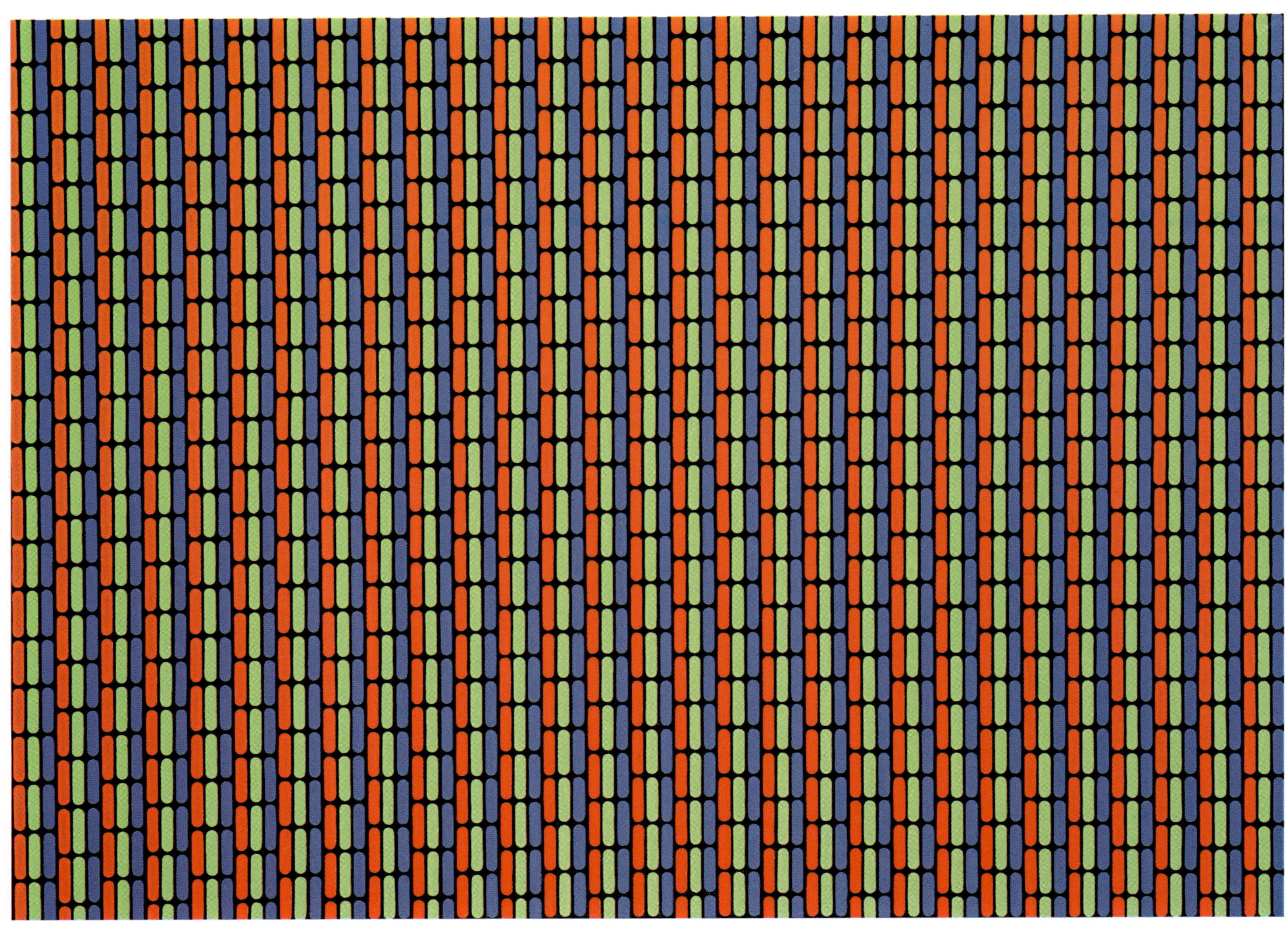

Stealth Bomber B2, 1992

Acrilico su tela/Acrylic on canvas
100x400 cm
Collezione privata/Private collection, Roma

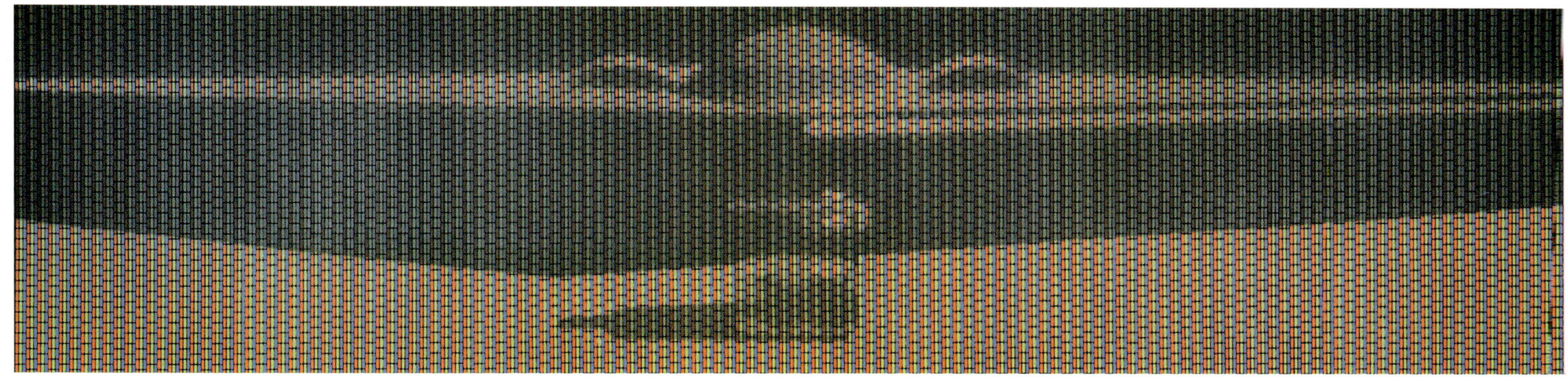

Senza titolo, 1995

Acrilico su tela/Acrylic on canvas
90x215 cm
Collezione privata/Private collection, Roma

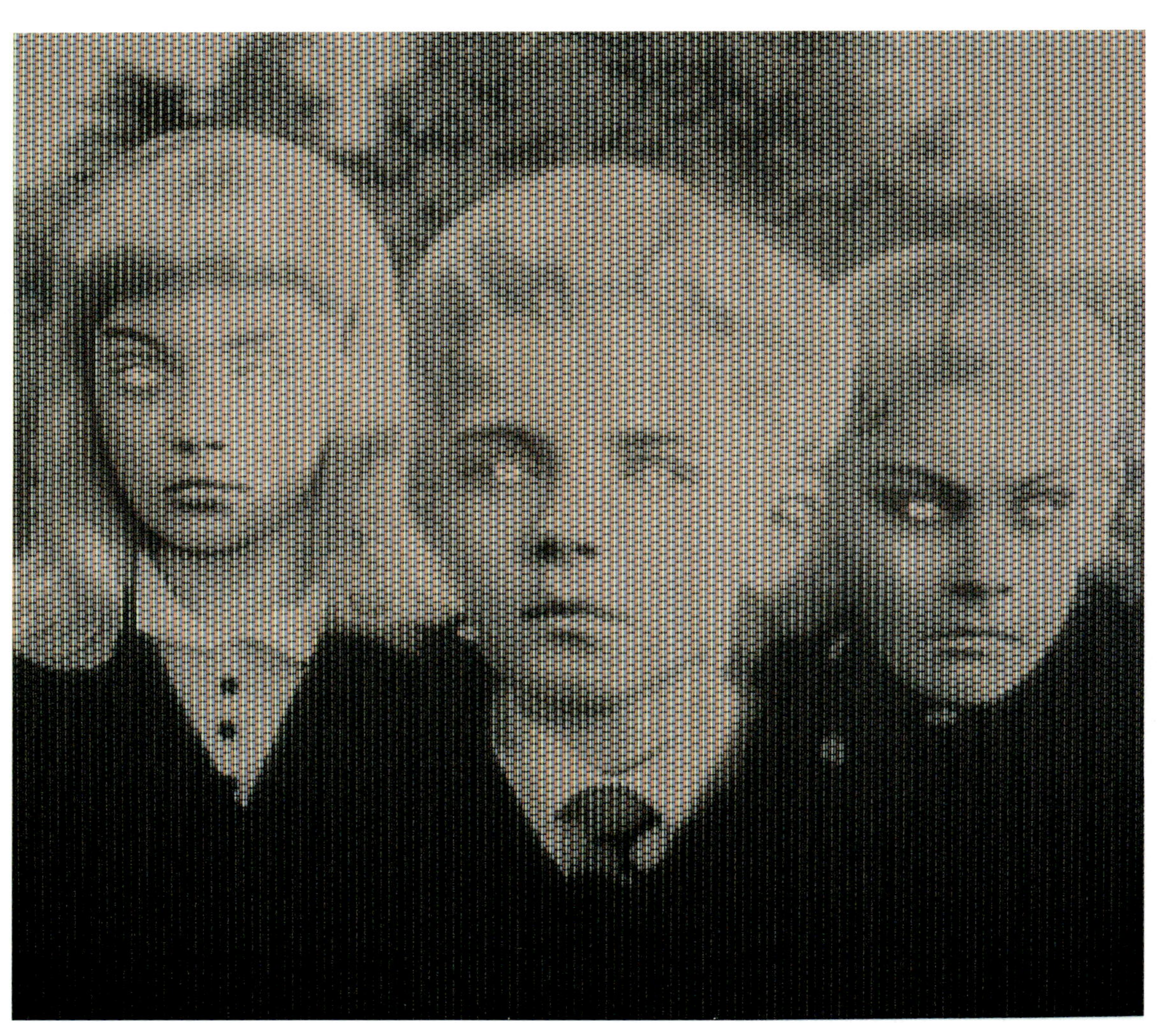

Senza titolo, 1993

Acrilico su tela/Acrylic on canvas
130x260 cm
Courtesy Galleria Sprovieri, London

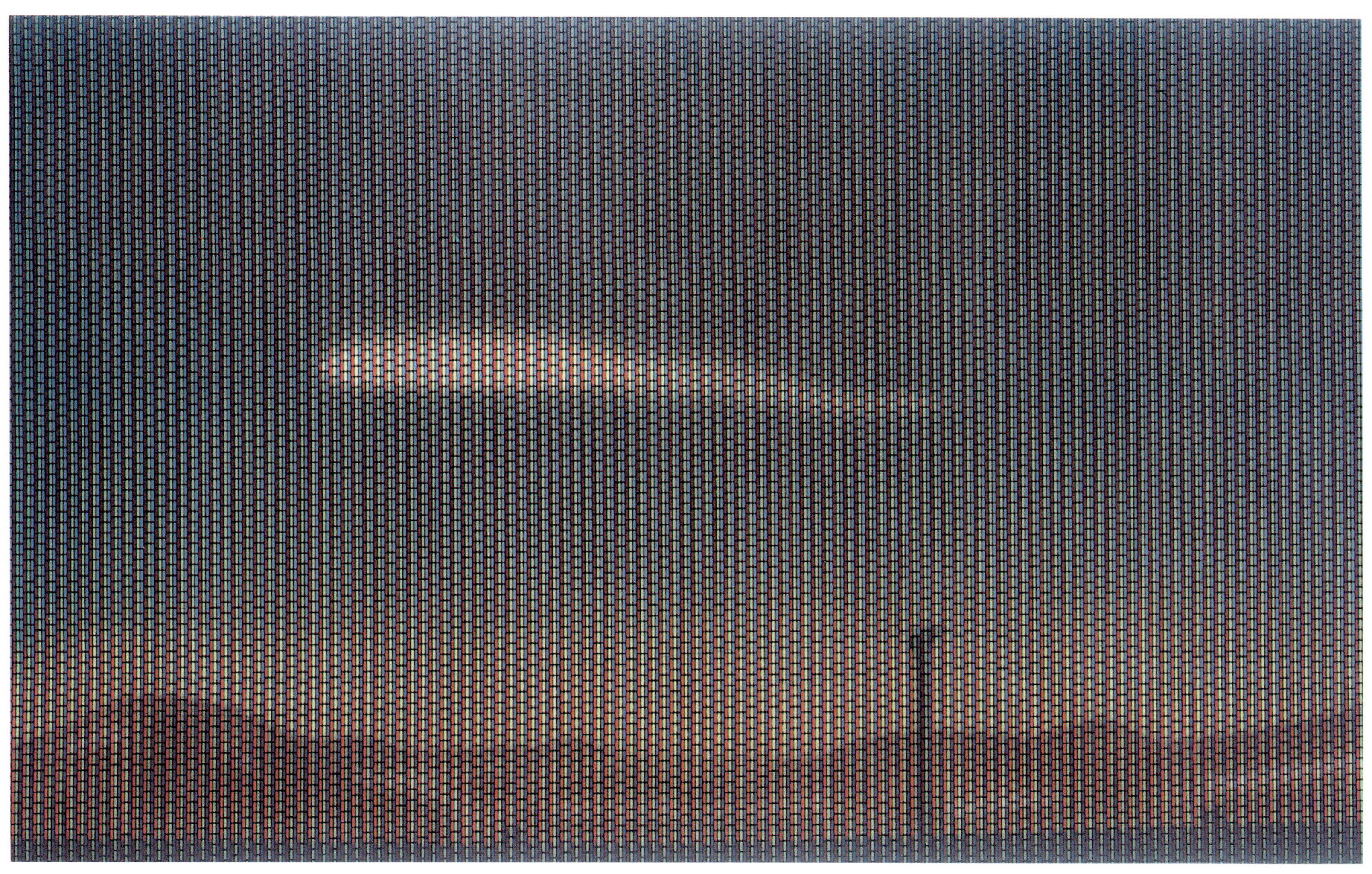

Senza titolo, 1995

Acrilico su tela/Acrylic on canvas
170x240 cm
Proprietà dell'artista/Artist's collection, Roma

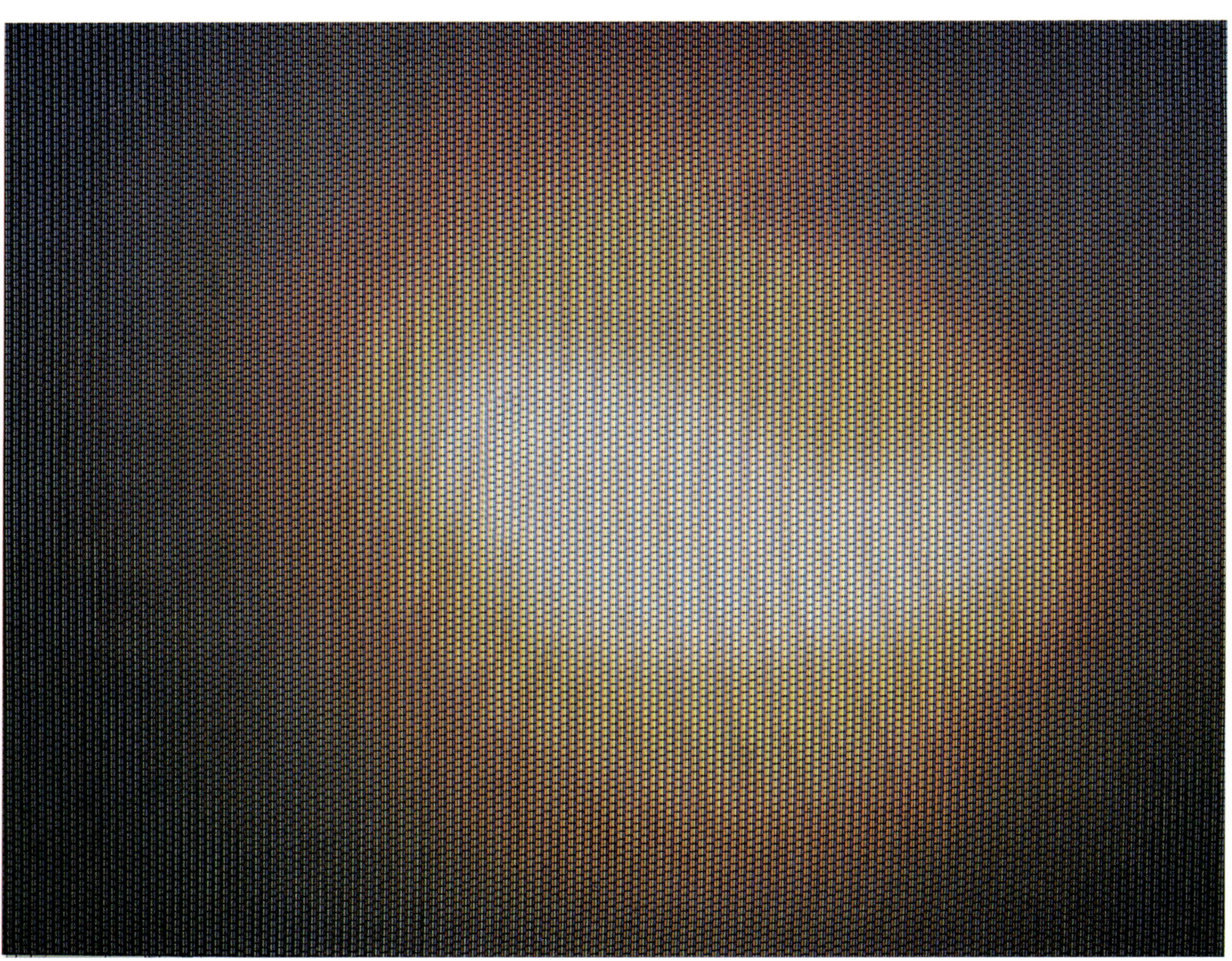

Pope, 1994

Acrilico su tela/Acrylic on canvas
200x200 cm
Proprietà dell'artista/Artist's collection, Roma

Senza titolo, 1996

Acrilico su tela/Acrylic on canvas
195x265 cm
Collezione/Collection Galleria Nazionale d'Arte Moderna e Contemporanea, Roma

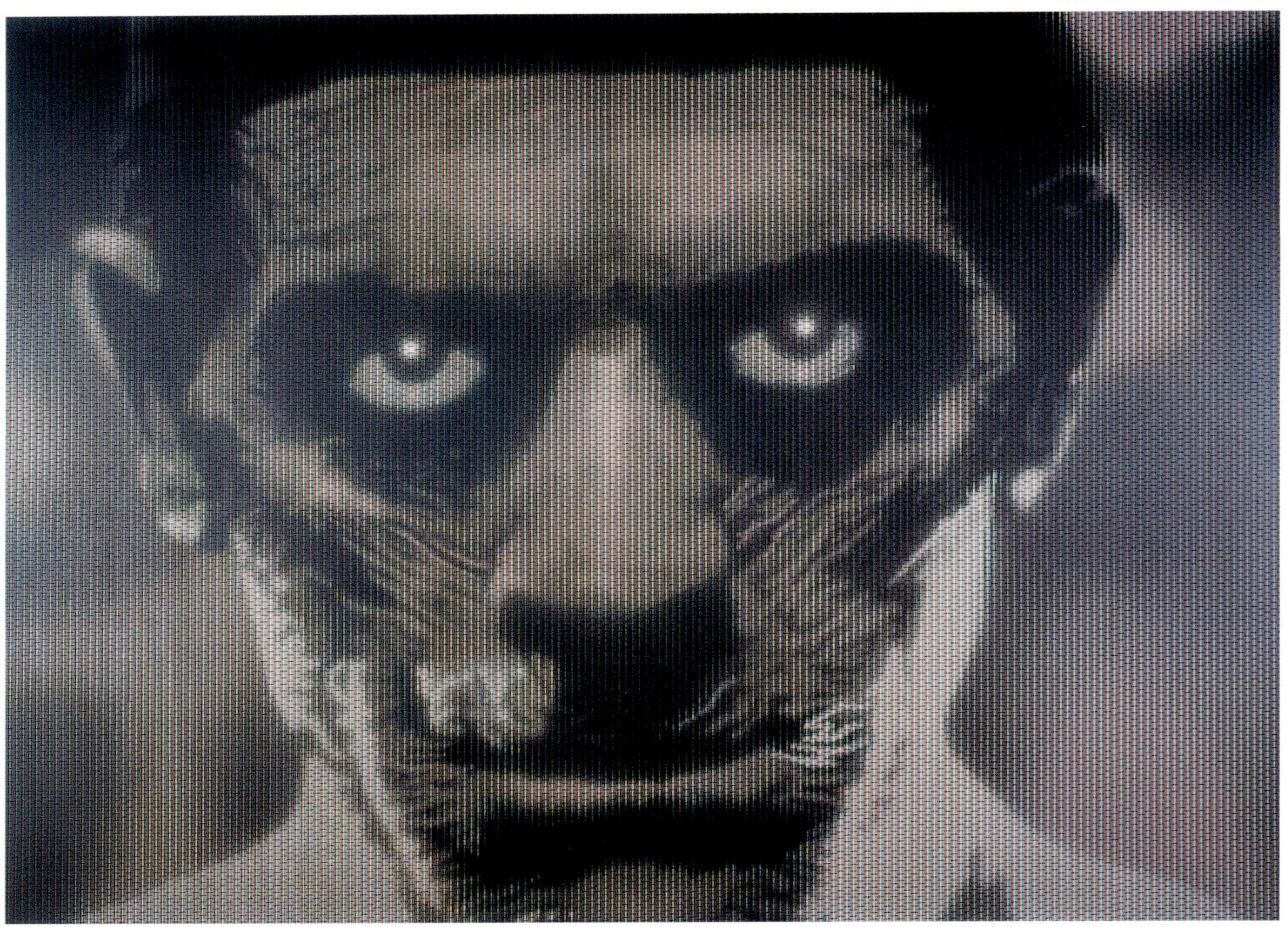

Acrilico su tela/Acrylic on canvas
150x150 cm
Collezione privata/Private collection, Milano

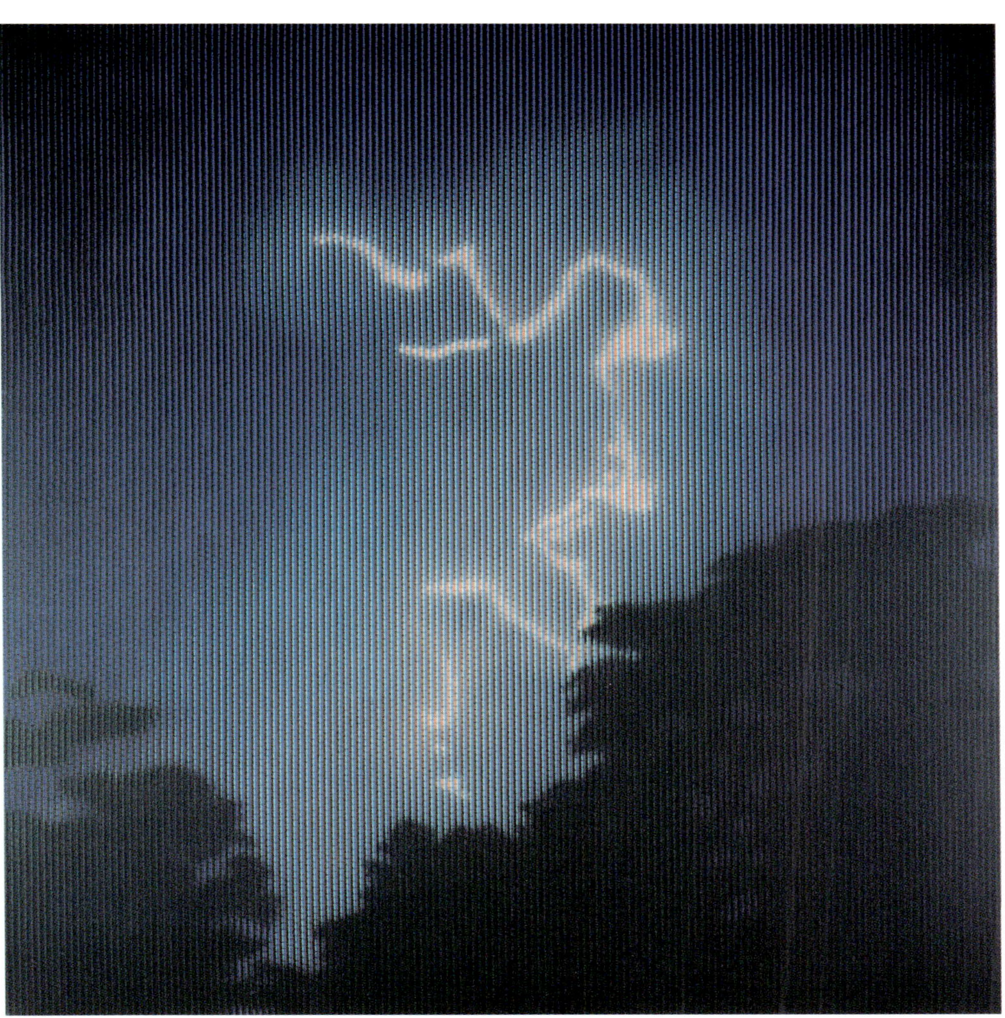

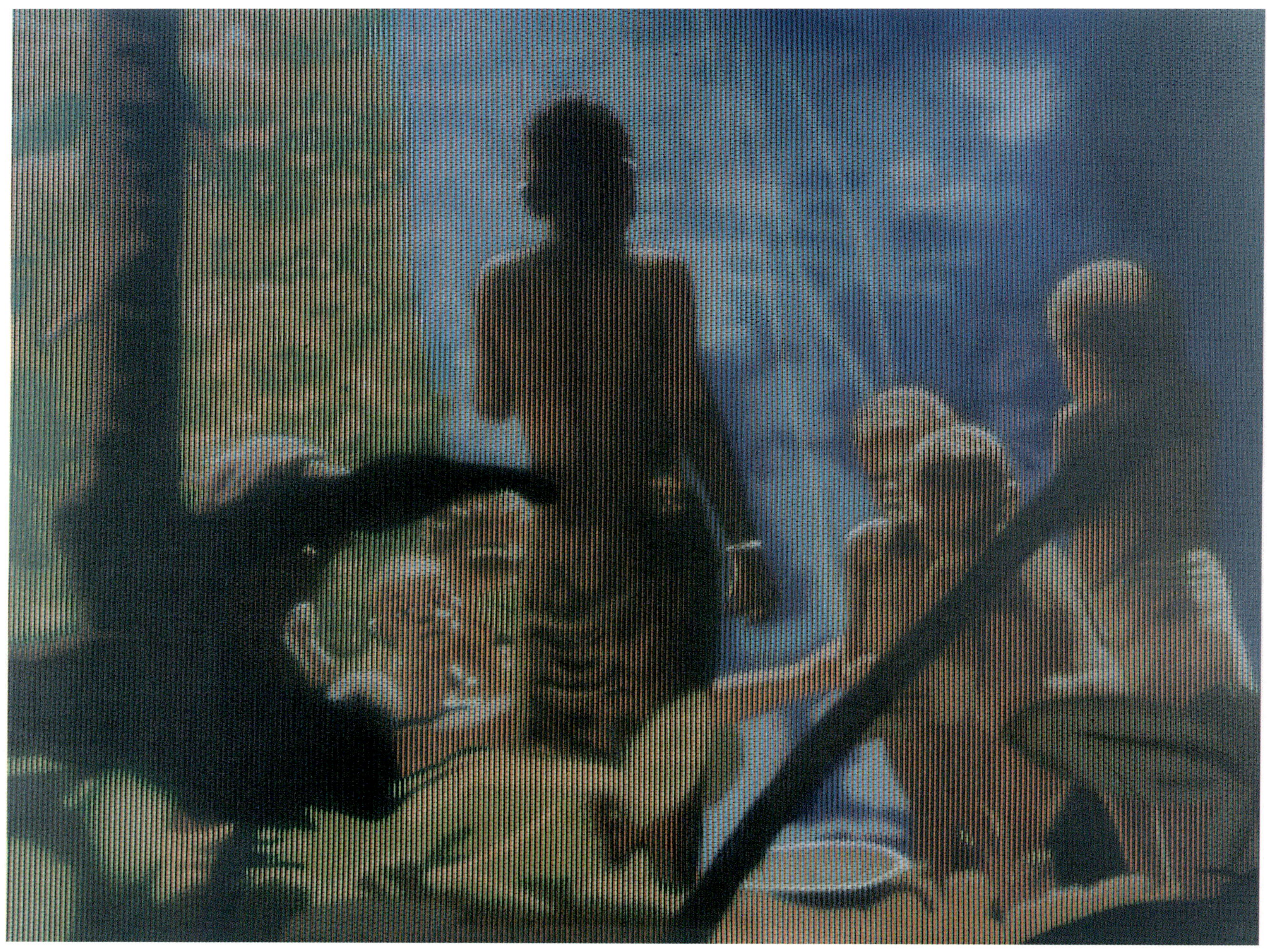

Pigmei, 1997

Acrilico su tela/Acrylic on canvas
265x335 cm
Collezione privata/Private collection, Prato

Senza titolo, 1998

Acrilico su tela/Acrylic on canvas
165x260 cm
Collezione privata/Private collection, Oporto

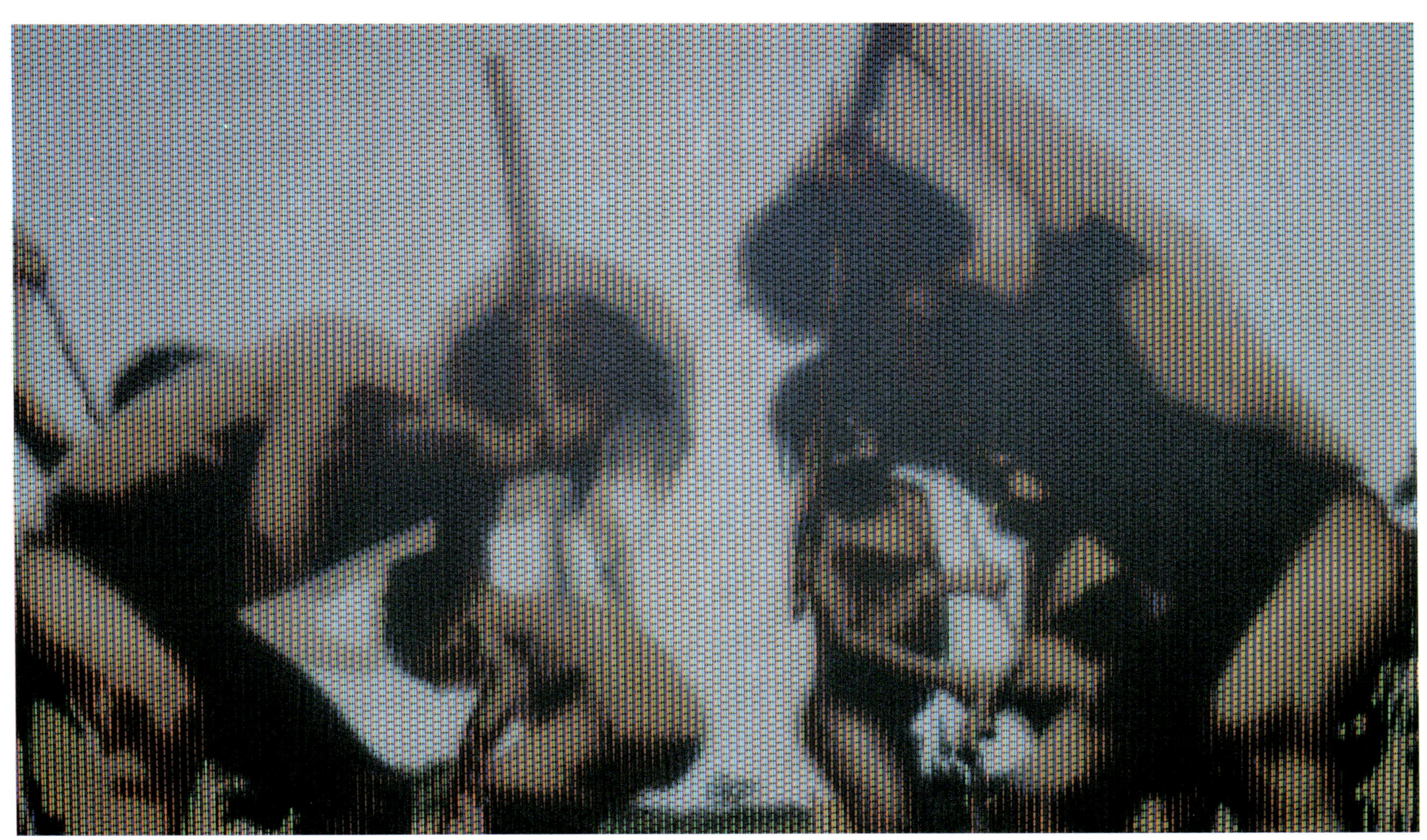

Urlo, 1999

Acrilico su tela/Acrylic on canvas
195x265 cm
Collezione privata/Private collection, Oporto
Photo Xavier Antunes, Braga

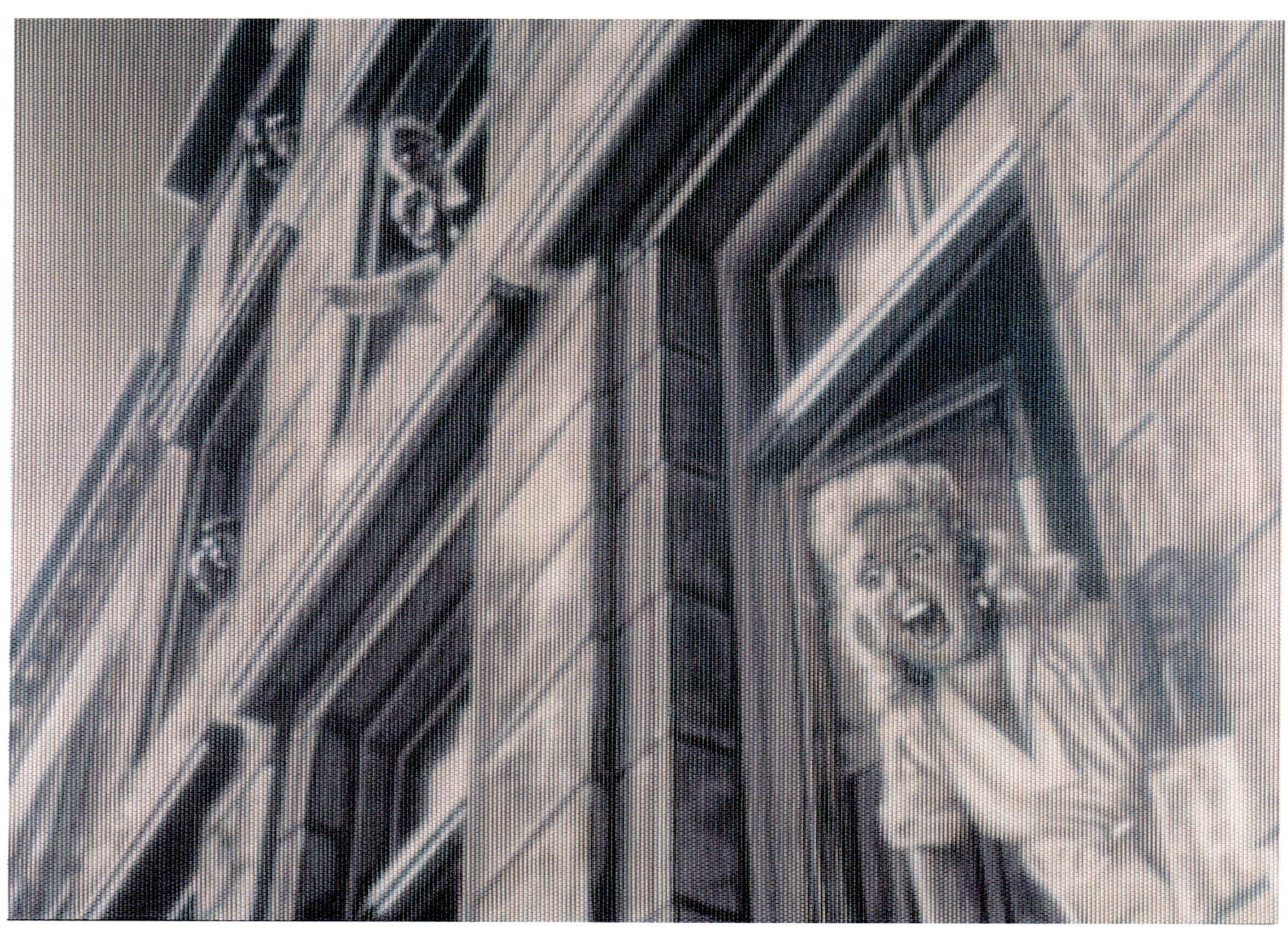

Girls, 1999

Acrilico su tela/Acrylic on canvas
180x276 cm
Collezione privata/Private collection, Oporto
Photo Claudio Abate, Roma

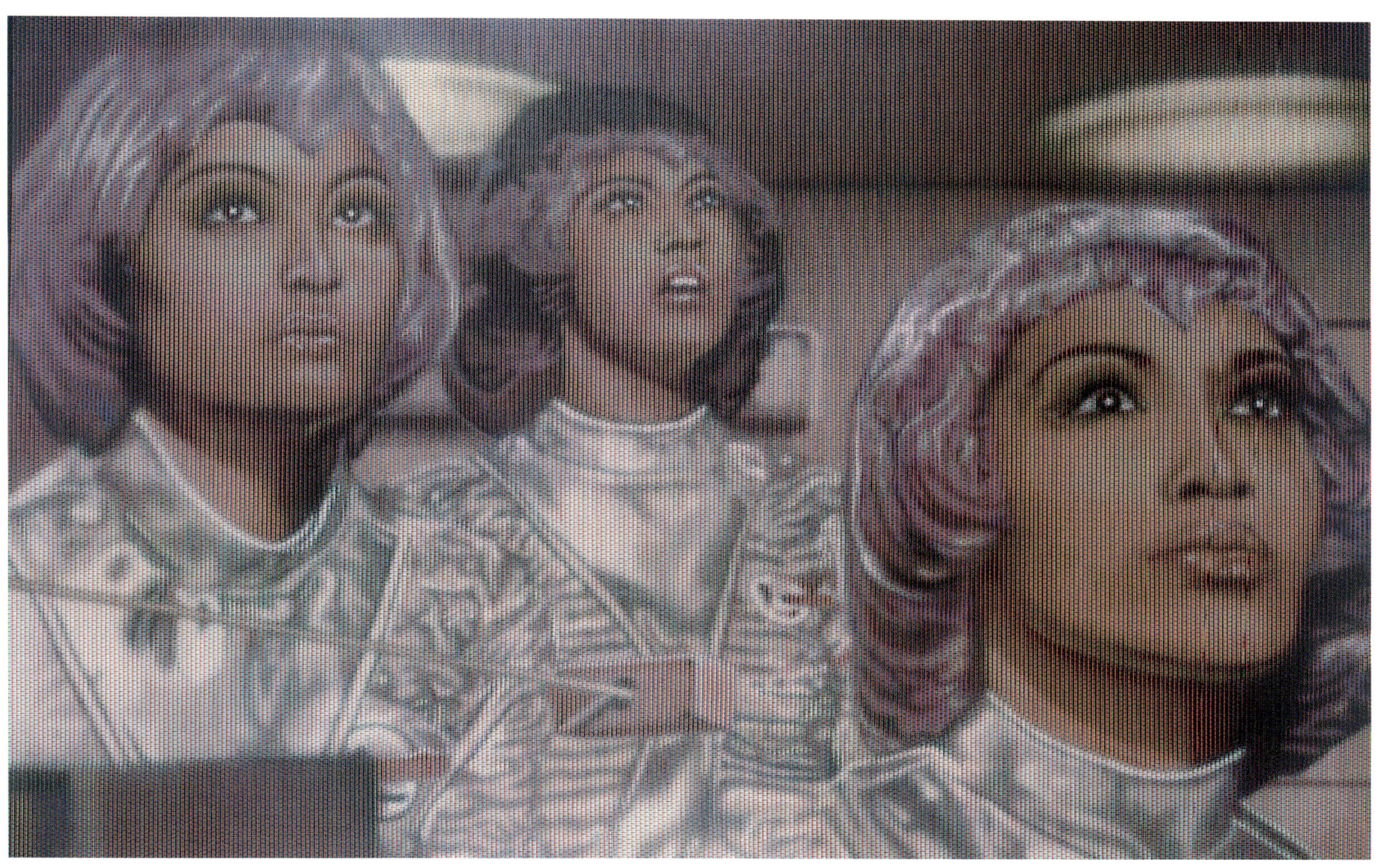

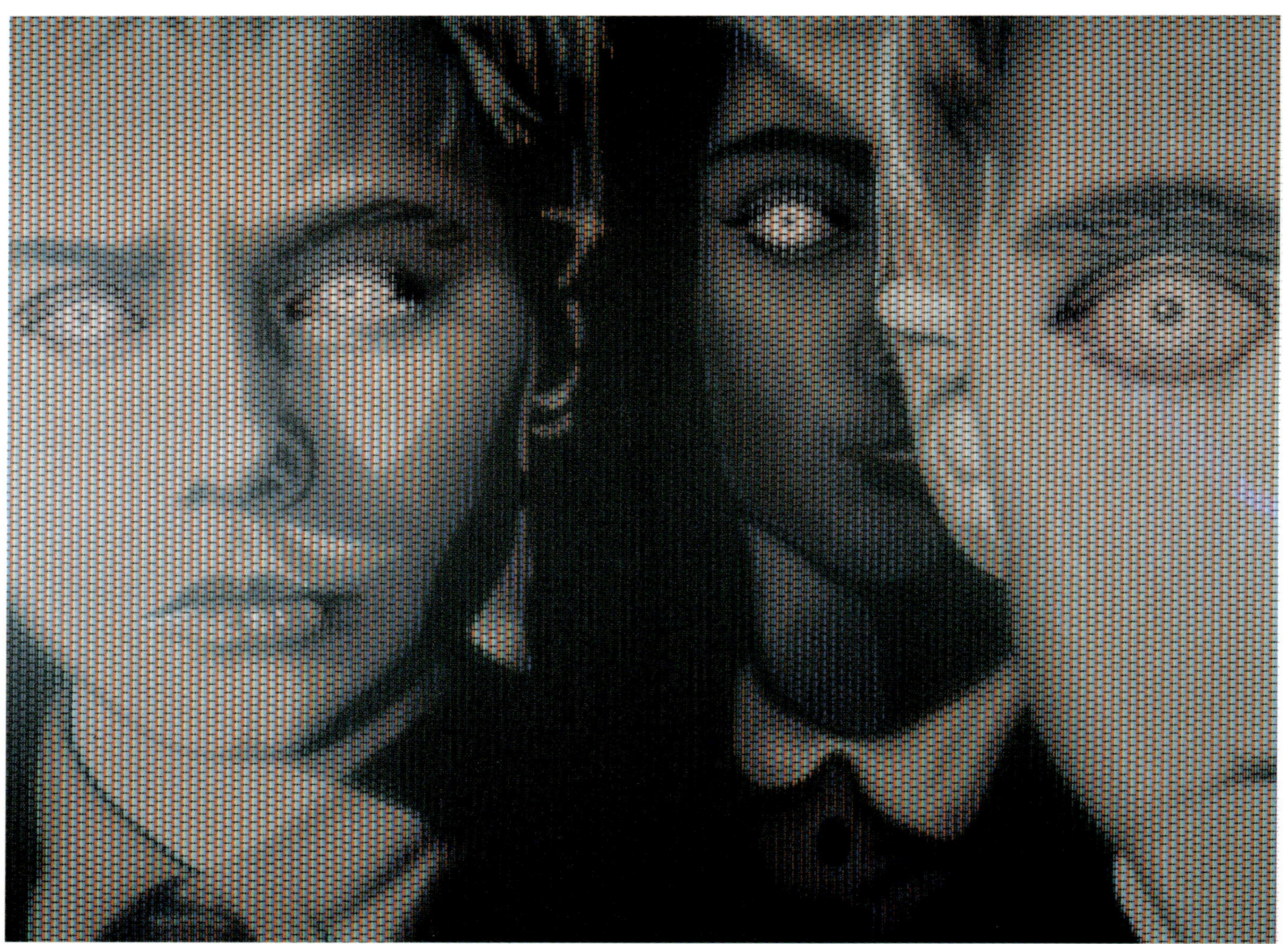

Aliens, 1998

Acrilico su tela/Acrylic on canvas
171x229 cm
Collezione privata/Private collection, Oporto

Senza titolo, 2000

Acrilico su tela/Acrylic on canvas
150x200 cm
Collezione privata/Private collection, Roma
Photo Claudio Abate, Roma

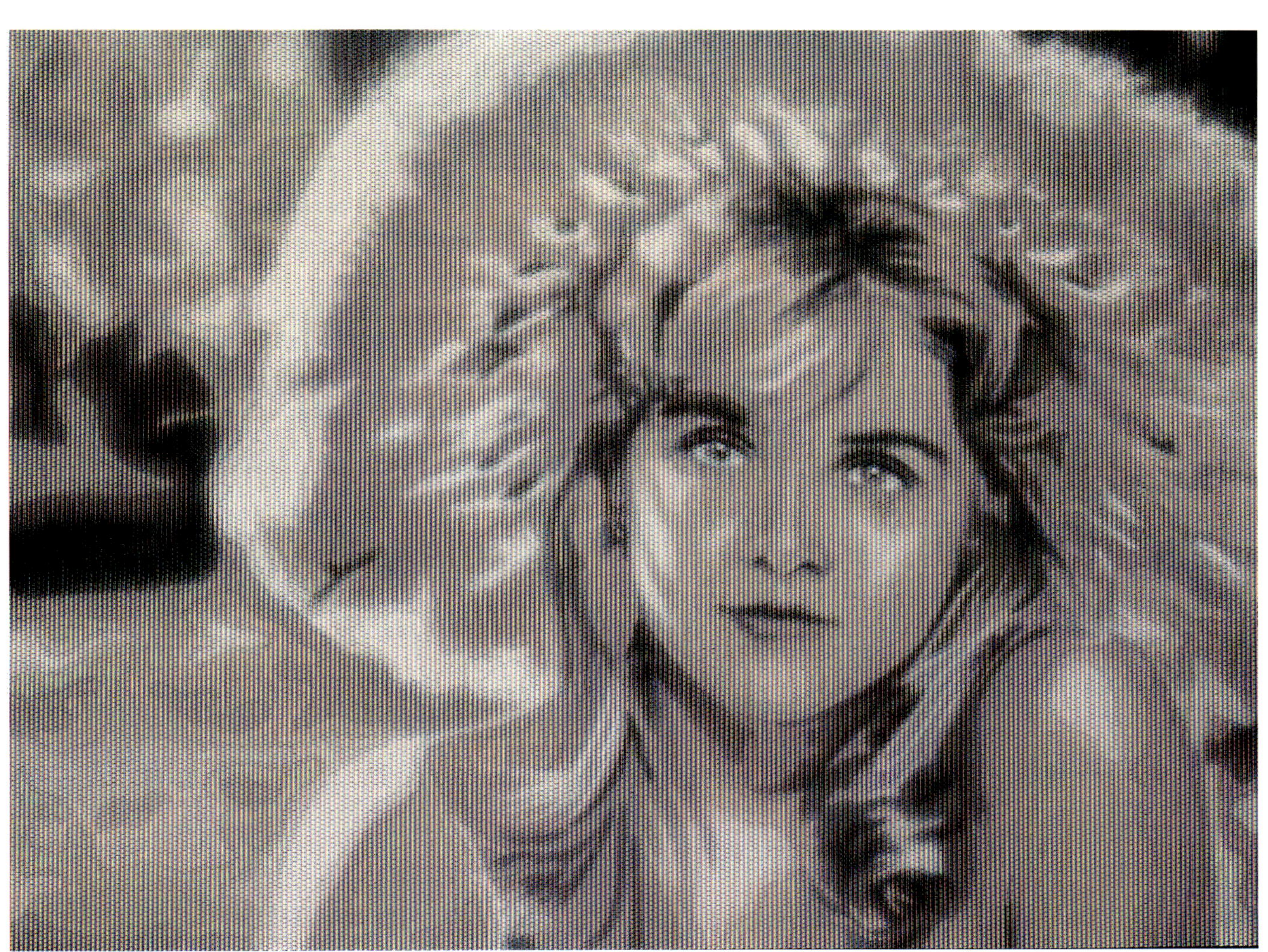

Marziani, 1999

Acrilico su tela/Acrylic on canvas
165x195 cm
Collezione privata/Private collection, Milano
Photo Claudio Abate, Roma

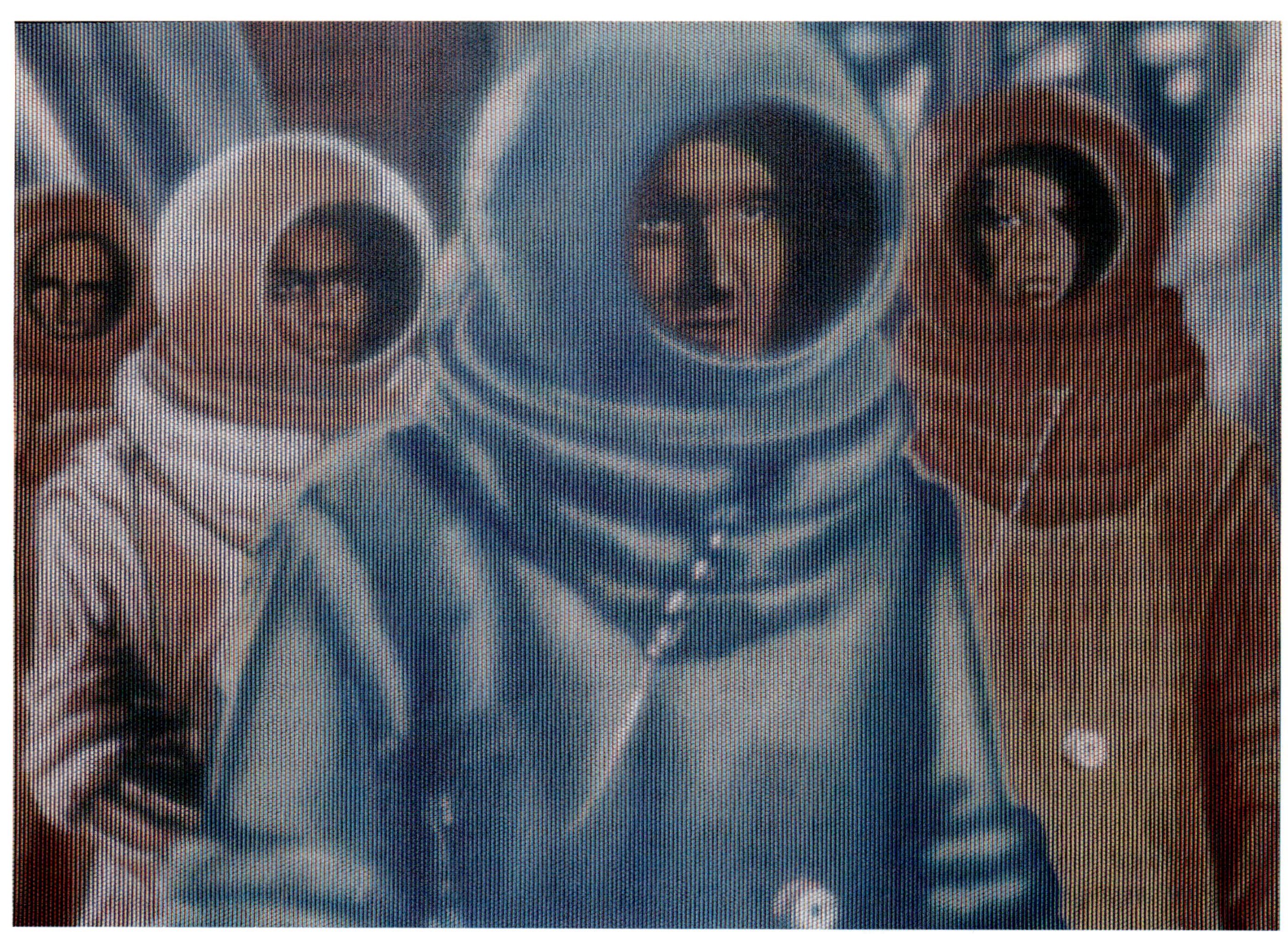

U.F.O., 2000

Acrilico su tela/Acrylic on canvas
195x265 cm
Collezione privata/Private collection, Torino
Photo Claudio Abate, Roma

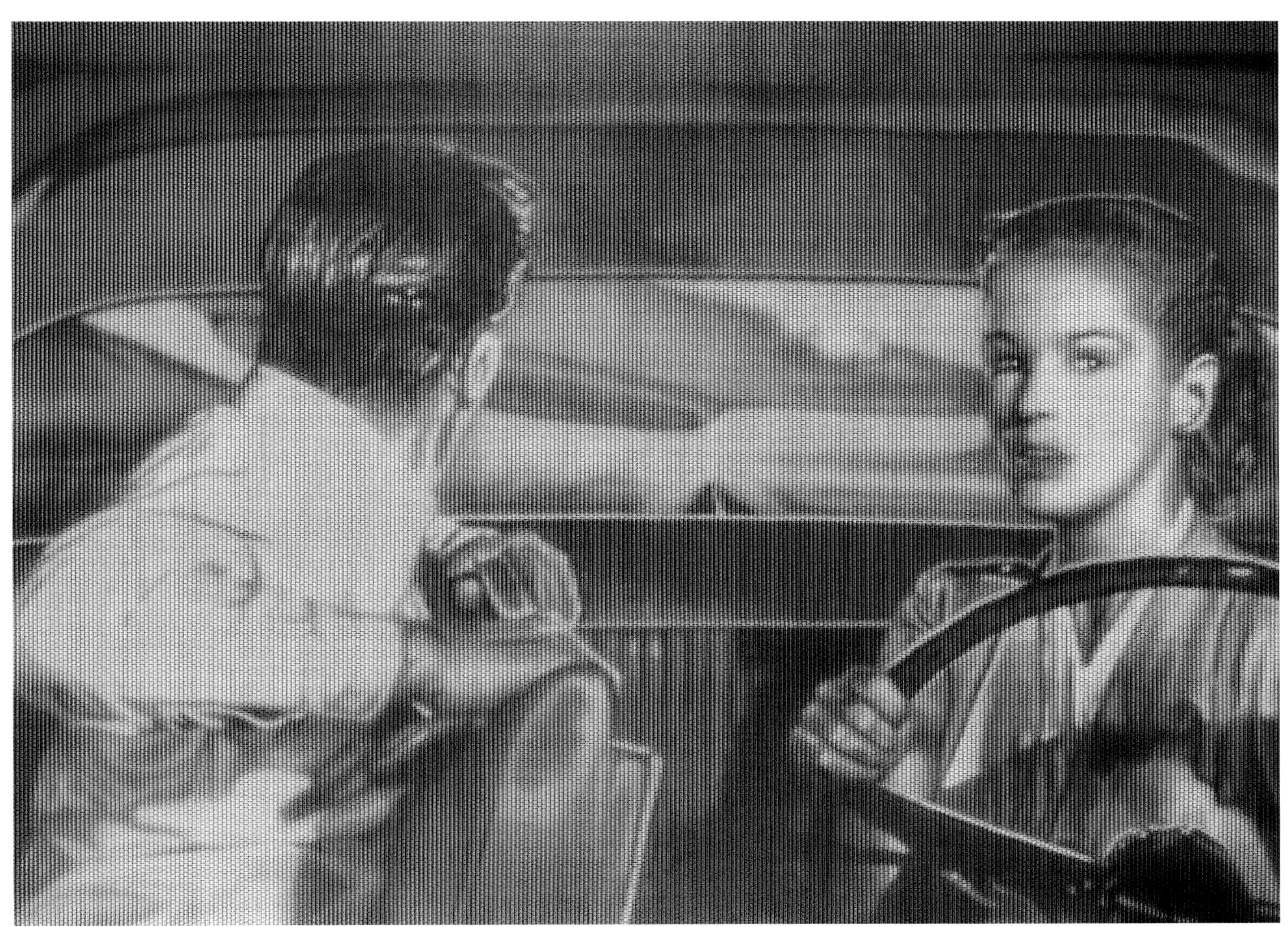

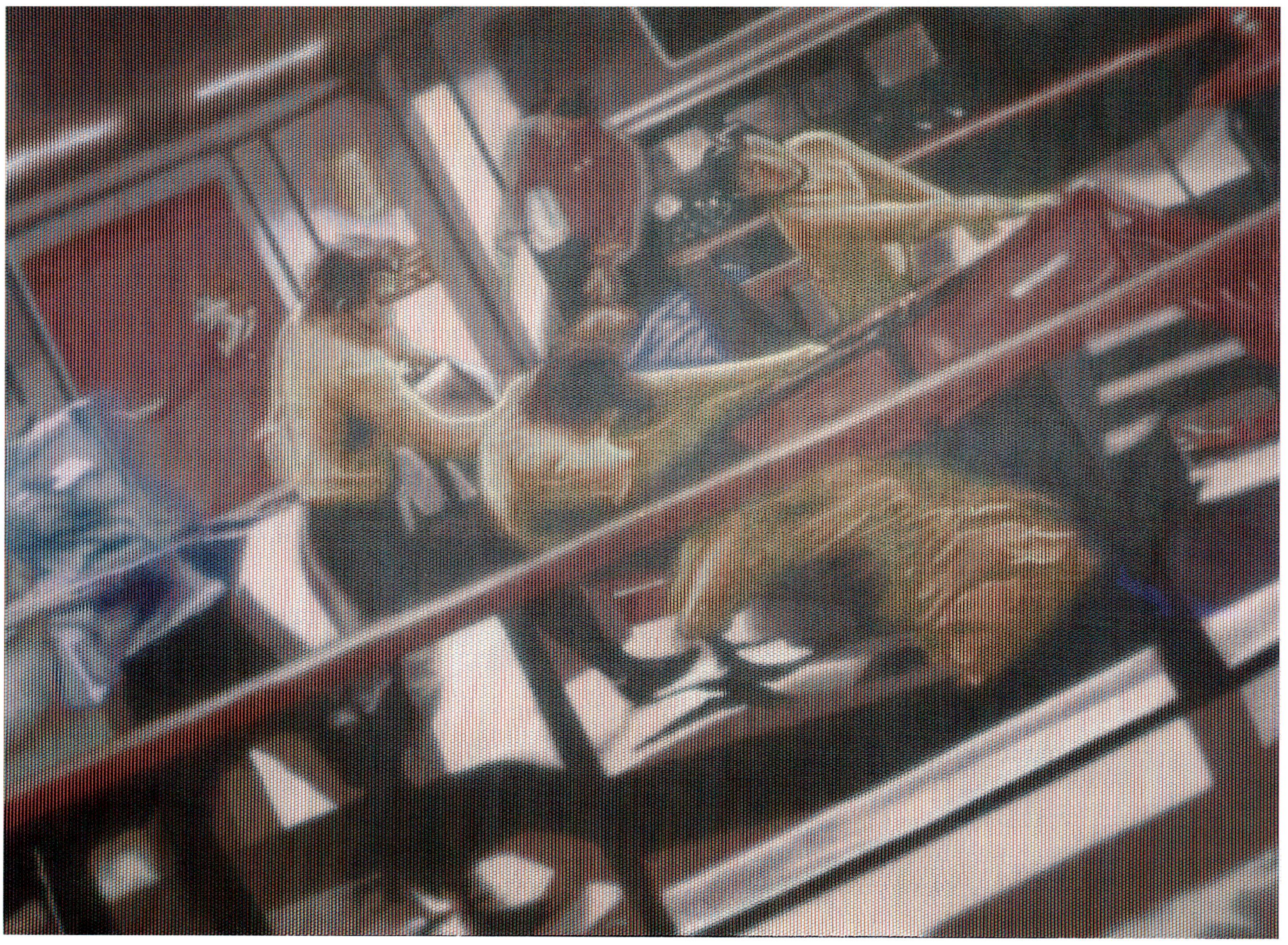

01, 2001

Acrilico su tela/Acrylic on canvas
230x360 cm
Proprietà dell'artista/Artist's collection, Roma

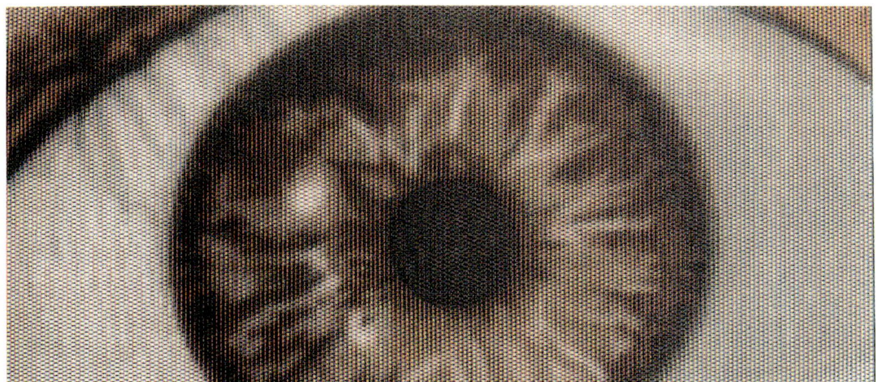

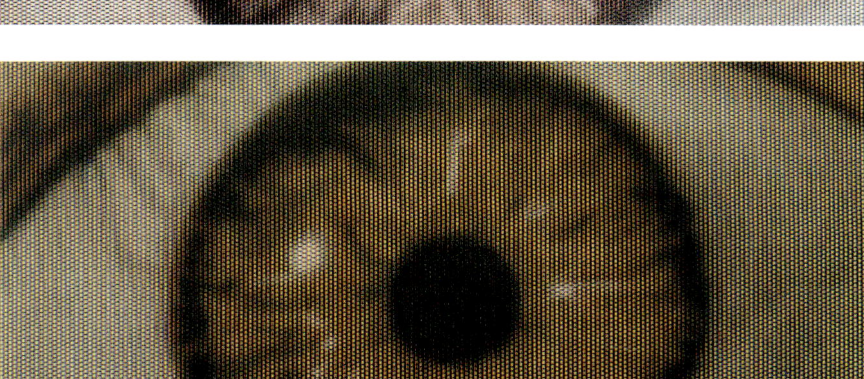

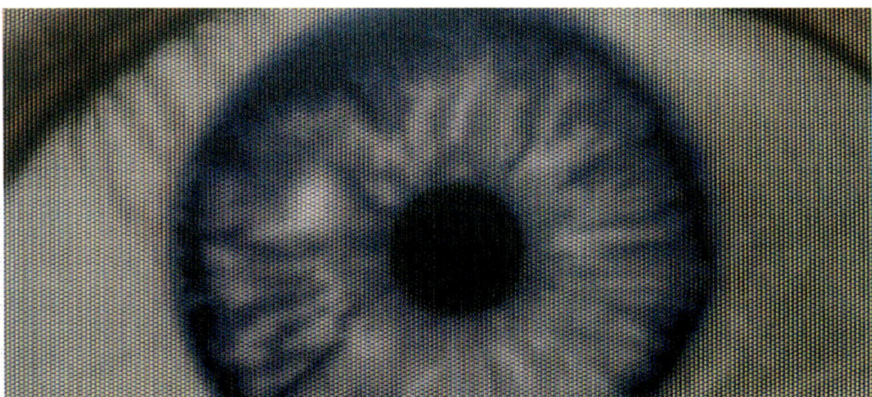

Il terzo occhio, 2000

Acrilico su tela/Acrylic on canvas
55x120 cm ciascuna/each
Courtesy Galleria No Code, Bologna

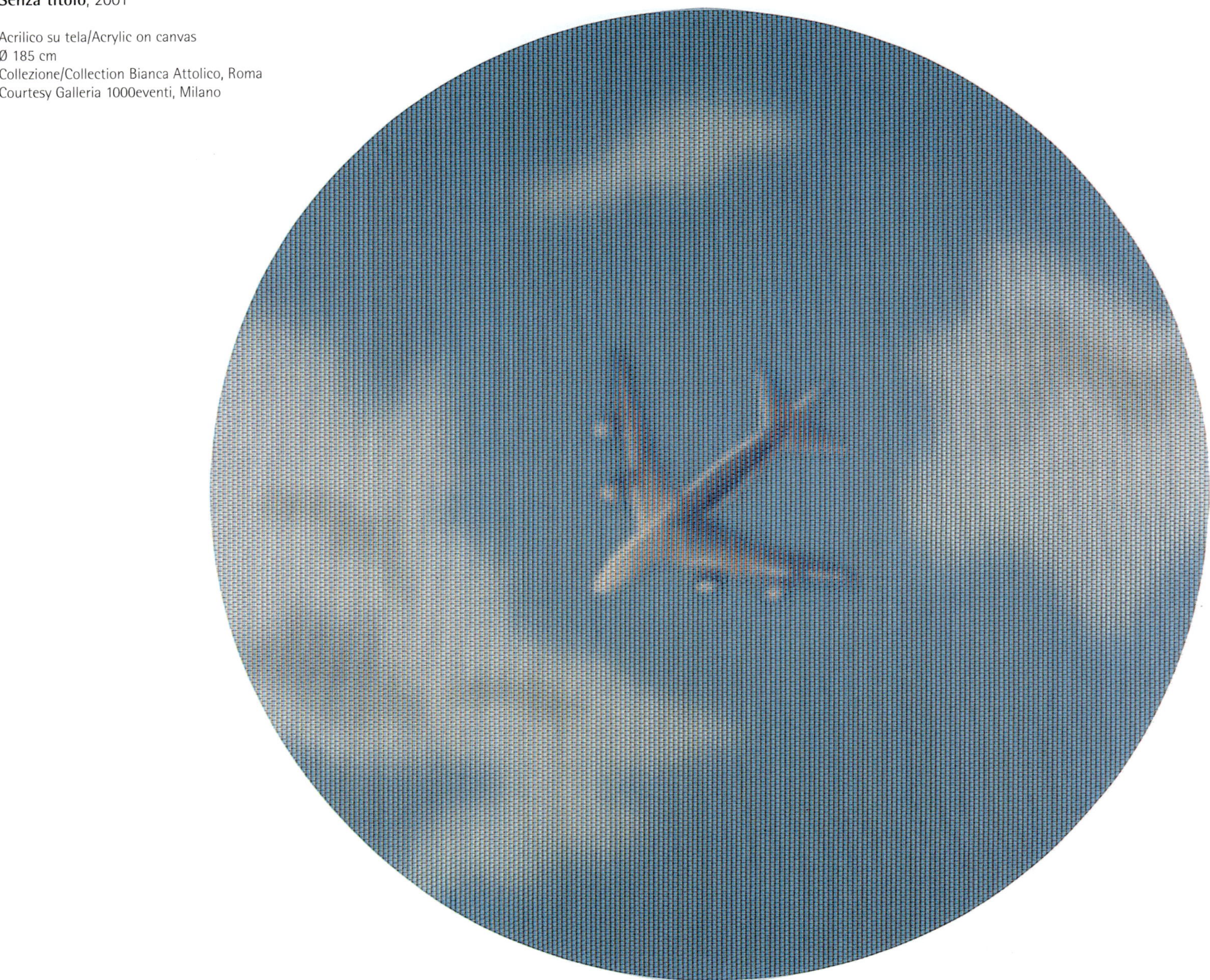

Senza titolo, 2001

Acrilico su tela/Acrylic on canvas
Ø 185 cm
Collezione/Collection Bianca Attolico, Roma
Courtesy Galleria 1000eventi, Milano

Senza titolo, 2001

Acrilico su tela/Acrylic on canvas
184x251 cm
Courtesy Galleria 1000eventi, Milano

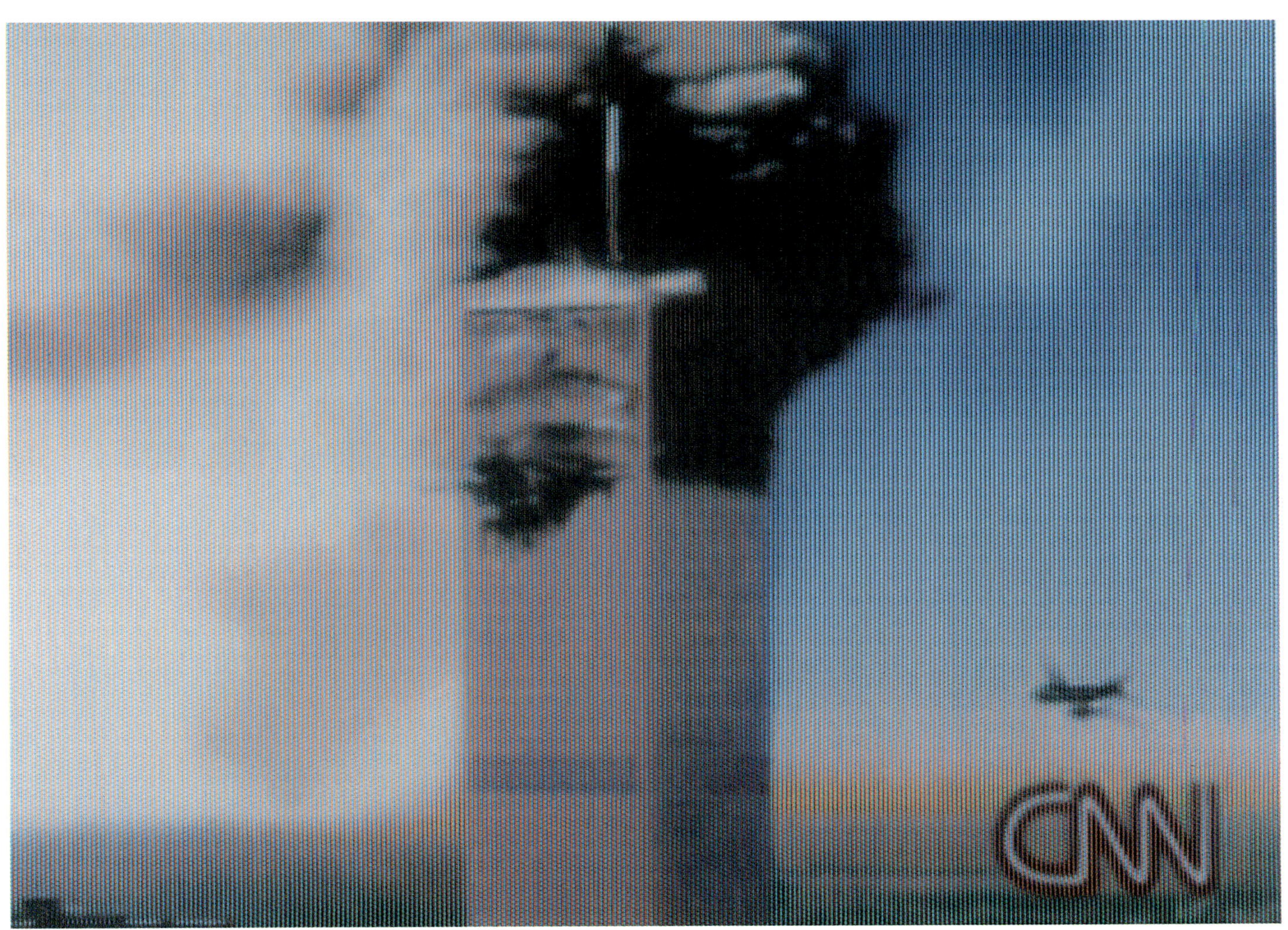

Pinta 'l dì, 2001

Acrilico su tela/Acrylic on canvas
180x260 cm
Courtesy Galleria No Code, Bologna

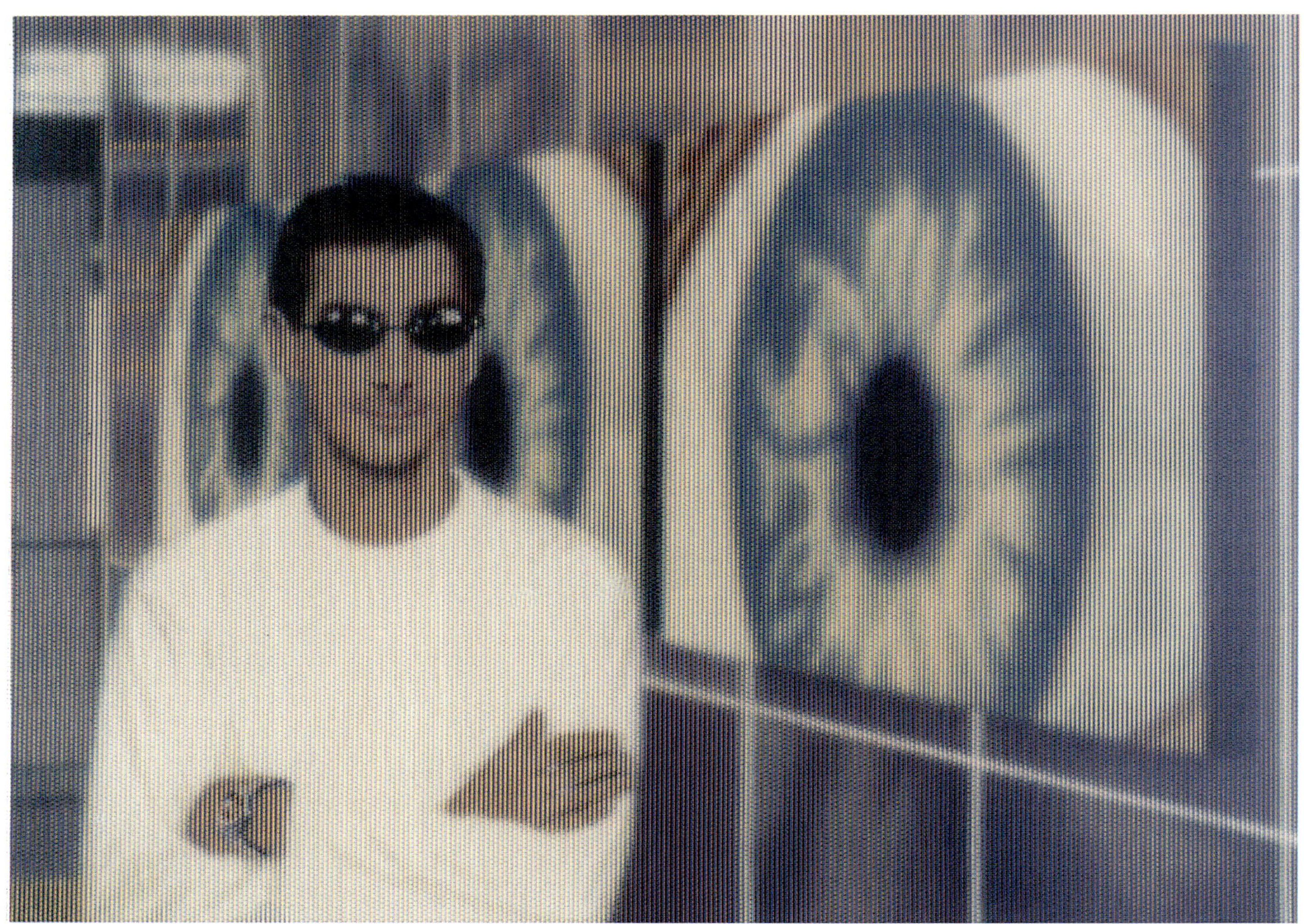

Acrilico su tela/Acrylic on canvas
167x258 cm
Courtesy Galleria Sprovieri, London

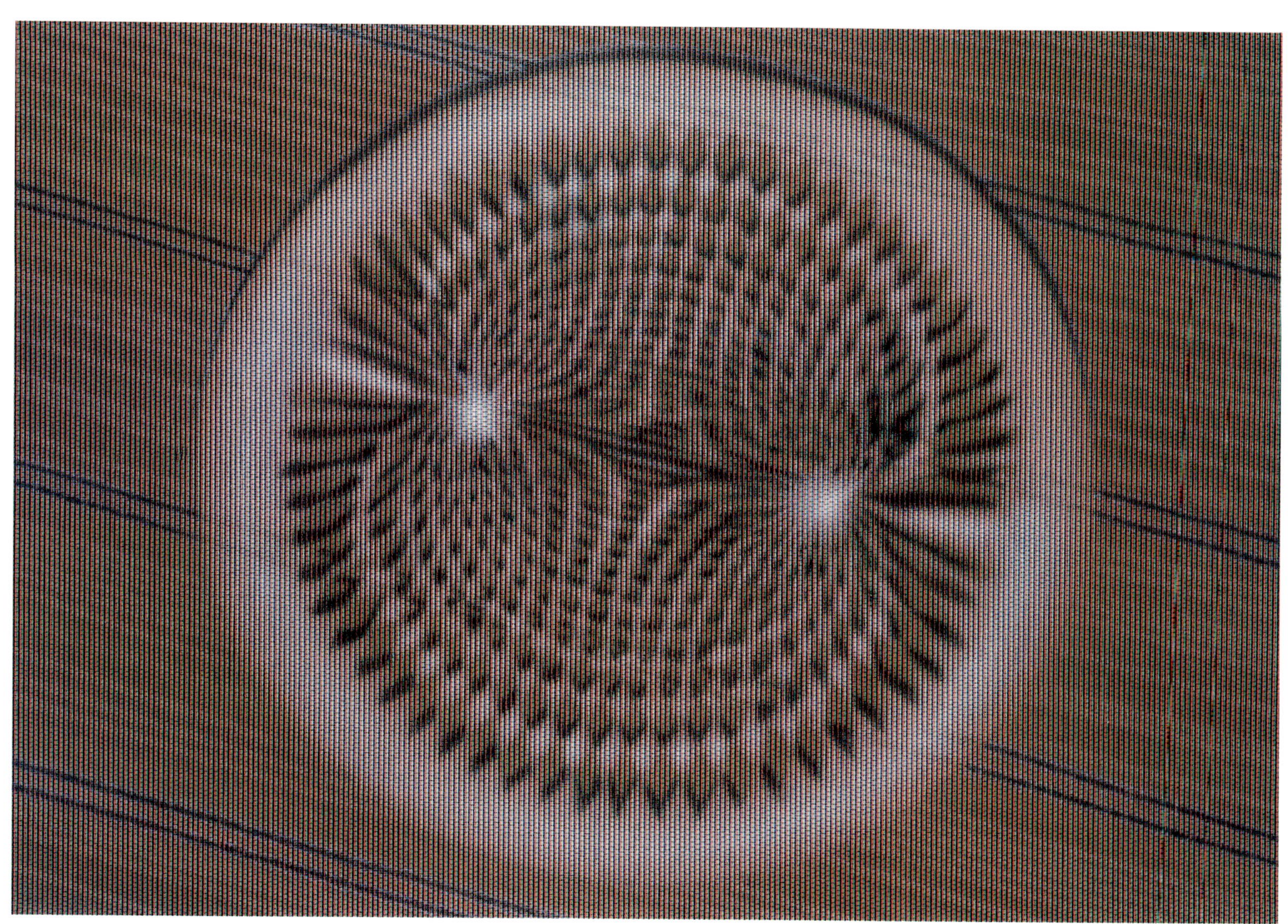

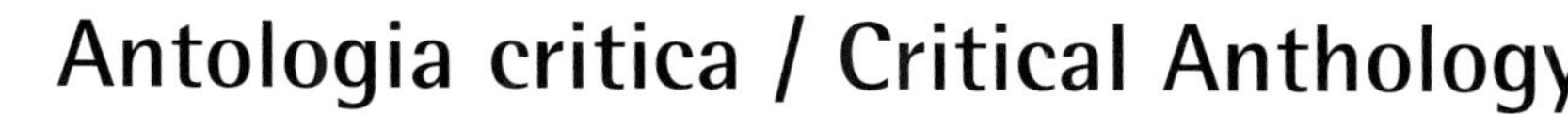

Antologia critica / Critical Anthology

Jump

Mario Codognato

Spesso in passato, dovendosi occupare dell'opera di Cristiano Pintaldi, la critica ha accentrato la sua attenzione soprattutto sull'aspetto tecnico-esecutivo del lavoro. Effettivamente questo fattore risalta immediatamente, per la sua appartenenza formale al mondo delle immagini in movimento della televisione e dei computer e della riproduzione digitale, in netta contrapposizione con la mimesi statica e l'aura sublimante della pittura. L'artista infatti, attraverso una sofisticata tecnica, lenta e laboriosissima, rappresenta e riproduce sulla tela dei soggetti con la stessa scomposizione tripartita dei pixel dei monitor televisivi o informatici. Da una foto, tratta dai mass-media, Pintaldi realizza uno studio, dal quale poi ottiene lo stesso soggetto da tre immagini retiniche uguali esattamente allineate, che si differenziano solo nei colori (il rosso, il verde e il blu), ottenendo uno spettrale congelamento della rappresentazione come fosse visto e vissuto dallo schermo del televisore, come se il comando del videoregistratore si fosse dolorosamente paralizzato sul tasto *pause*. Ciò che è più importante e innovativo nel suo lavoro è proprio l'antitesi creata e determinata dal fatto che pur volendo riprodurre un paesaggio tecnologico, l'artista non si avvale di nessun ausilio tecnologico ma esegue manualmente tutto l'insieme. Il "come" lascia posto piuttosto al "perché". Ogni singolo tassello che rappresenta e riproduce ogni singolo pixel è dipinto a mano con la stessa meticolosità e minuzia di un miniaturista medievale. Si viene a determinare una sorta di resistenza attiva e dialettica. Se l'immaginario contemporaneo e la sua interpretazione del quotidiano sono sempre più caratterizzati dal filtro linguistico e concettuale della comunicazione via etere o via cavo, la tradizione millenaria della pittura gli si antepone con la forza del gesto, con l'inesauribilità dell'esperienza, con l'imprevedibilità del risultato finale dell'azione, con l'incognita della possibilità di errore e la relativa necessaria attenzione nell'applicazione. L'azione primordiale di marcare un segno, un confine nello spazio, con la volontà e la responsabilità del fare umano, si contrappone alla disumanizzazione e alla stereotipizzazione dell'individuo nel televisore. La lentezza nell'esecuzione di ogni singolo quadro, una temporalità paradossalmente quasi più vicina a un'era pre-tecnologica e a una concezione eroica dell'arte, si contrappone violentemente all'ipervelocità delle immagini sullo schermo; la fissità contemplativa e i tempi di percezione potenzialmente infiniti del quadro si contrappongono al flusso continuo e incontrollabile di situazioni consegnateci dal tubo catodico. La singolarità e l'irripetibilità di un quadro, prodotto esclusivo di un tempo e di una casistica irriproducibili, si contrappongono all'infinita possibilità di ri-presentazione, di simultaneità e di ubiquità delle immagini televisive e delle reti di internet. Al tempo stesso Pintaldi, figlio e interprete della sua epoca, non può sottrarsi all'urgenza di testimoniare e dipingere questo tipo di paesaggio, specchio e interlocutore indiscusso della contemporanea fruizione e rappresentazione della realtà. I soggetti scelti, simbolici dello sfasamento e della nevrosi della comunicazione nel villaggio globale, tendono ad accentuare vertiginosamente la potenza del corto circuito visivo che si viene a creare tra la complessità tecnica e la circolarità del mezzo e la sciagura e l'alienazione della commedia umana. Gli alieni tratti dall'immaginario collettivo di vecchi film sembrano umani solo nell'aspetto esteriore, frutto di un inganno. Si rivelano presenti con lo stesso grado di artificialità, estraneità e distanza dei personaggi che popolano l'universo codificato dei mass media. E così i pigmei, il cui ritmo di vita e le possibilità di sopravvivenza sono ancora dettati da un rapporto diretto con la natura, costituiscono un ulteriore contrasto con la manipolazione di ogni aspetto dell'ordine naturale, con l'alterazione e il senso di perdita della nostra società. Come in un affresco sull'idiozia del nostro tempo, l'immagine scelta per la mostra torinese è tratta da un reportage su una tribù amazzonica, dove alle persone ritratte è stato imposto di indossare delle camicie, per non offendere il comune senso del pudore nelle nostre case.

Dal catalogo della mostra personale Jump, *Galleria Franco Noero, Torino, 1999*

Jump

Mario Codognato

Often in the past, when critics have had to deal with Cristiano Pintaldi's work, they have tended to focus on its technical/executive aspect. This is the most obvious because, at least formally, it apparently belongs to the world of moving images, of TV and computers, the world of digital reproduction in stark contrast with the static imitation and sublimating aura of painting.

Using a lengthy, laborious, sophisticated technique, the artist reproduces subjects on canvas, splitting them into their three-color, TV and computer monitor pixel components. Starting from a mass media photo, Pintaldi breaks it down into three, perfectly aligned images, identical except for their colors (red, green and blue). He freezes the photo in its separate colors so it can be experienced like a live picture off a TV screen, as if the video recorder had become awkwardly stuck on the pause button.

What is more important and innovative about the artist's work, however, is the antithesis he creates. For, even though the artist intends to reproduce a technological procedure, he shuns the use of technology to achieve it, preferring to carry out the whole process manually.

Which brings us to the question of why. Every single wedge representing each single pixel is painted by hand with the meticulousness and attention to detail of the medieval miniature painter. One is made aware of an active, dialectical form of resistance. Contemporary images and the way they are interpreted on a daily basis are increasingly influenced by the linguistic and conceptual filters of air wave and optic fiber communications. They are outclassed, however, by the thousand-year-old tradition of painting, with its power of expression, its inexhaustible forms, the unpredictability of its final outcome, the unknowns concerning the possibility of error and all the care that has to be taken in the process. The primordial action of drawing a sign, the voluntary, responsible act of defining space, of doing something which is utterly human contrasts with the dehumanizing and stereotyping of individuals on television.

Paradoxically, the slowness with which each single painting is executed probably has more in to do with pre-technological time-scales and a heroic conception of art than with the hyper-fast images of the small screen. Slow contemplation combined with potentially infinite time in which to take in the works is set in counterpoint to the continuous, uncontrollable flow of situations delivered by the cathode tube. The uniqueness, the one of a kindness of each painting, itself the exclusive product of a certain moment in time and thought jars against the infinite possibilities of representation, simultaneousness and the sameness of the images on TV and the Internet.

This said, however, a child and interpreter of his times, Pintaldi cannot escape the urgent need to paint this type of landscape, it being the mirror image and unquestioned interlocutor of contemporary representations of reality. The subjects chosen are symbolic of communication confusion and neuroses of the global village. They accentuate in a mind-blowing way the power of the visual short circuit created by advanced technology, the circularity of the media and the disaster and alienation of the human condition. The aliens of the collective imagination as seen in old films only looked human from the outside and were the result of a con. Yet, here they are again with the same artificiality, strangeness and distance as the inhabitants of the codified universe of the mass media. The Pygmies, whose rhythm of life and survival is still dictated directly by nature, represent yet another contrast with the manipulation of every aspect of the natural order, with the distortion and the sense of loss in our society.

Like in a fresco depicting the idiocy of our times, the theme chosen for the Turin art show is drawn from an Amazonian tribe where the people portrayed had to wear shirts so as not to offend our basic sense of common decency.

From the catalogue of the solo exhibition Jump, *Galleria Franco Noero, Turin, 1999*

Breve storia della luce

Tiziano Scarpa

Vi racconterò la storia della luce.

La storia occidentale cristiana si divide in avanti e dopo Cristo. La storia musulmana si divide in avanti e dopo Maometto. Allo stesso modo, la storia della luce si divide in avanti e dopo John Logie Baird. Attualmente, noi viviamo nel 77 d.B., il settantasette dopo Baird.

Bisogna sapere che settantasette anni fa, nel 1924, è successo questo: la luce ha traslocato dentro le cose. Prima, il percorso della luce era il seguente: arrivava dal sole, rimbalzava sulle cose, cadeva negli occhi. Tranne pochi oggetti (le stelle, il fuoco, le lampadine), tutto ciò che noi vedevamo era una triangolazione della luce. La luna era il simbolo perfetto di questa triangolazione.

[...]

Prima di John Logie Baird, ovunque guardassimo, il nostro sguardo era lunare. Tutto il mondo era un ordigno riflettente: le pareti delle stanze erano lunari; l'azzurro del cielo era lunare; la scia luminosa del sole sull'acqua era lunare; i volti erano lunari; l'arte era lunare. Tutto rifletteva, tutto riluceva. Tutta la luce era riflessa, tutta la luce era una rappresentazione della luce. Per questo si rimaneva affascinati a fissare il fuoco: oltre al sole, il fuoco era l'eccezione alla lunarità della luce, era l'unico oggetto impregnato di luce, l'unico sulla terra letteralmente fatto di luce, l'unico evento luminoso che si potesse guardare a lungo senza rimanere abbacinati. Ma soprattutto, era l'unico caso in cui la luce non rimbalzava su un oggetto per poi tuffarsi di schiena negli occhi. La luce saltava a capofitto dal fuoco agli occhi.

[...]

Febbraio 1924: John Logie Baird presenta pubblicamente la prima prova di immagine televisiva.

Aprile 1925: invia i primi fotogrammi da un televisore a un altro.

Ottobre 1925: riesce a trasmettere immagini regolandone la luminosità.

27 gennaio 1926: da una stanza all'altra, trasmette con un televisore l'immagine di volti umani dai lineamenti nitidi.

[...]

Per me, Cristiano Pintaldi è una categoria dello spirito, un paradigma. Lo immagino mentre analizza la baticromia dell'universo. Come tutte le categorie dello spirito, Pintaldi mi provoca un'eccitazione lessicale, mi fa scrivere parole che forse non esistono: baticromia, per esempio, cioè profondità di colore.

[...]

Chi dice che Cristiano Pintaldi è un sintomo sociologico di una generazione (la mia) che è cresciuta a pane e televisione – e che perciò non farebbe altro che elaborare in forma più o meno artistica ciò di cui si è nutrita (l'artista come apparato digerente, l'artista come defecatore!) – chi dice questo è un imbecille, un pigro.

Le immagini di Pintaldi sono una riflessione sulla luce: una riflessione sulla luce pura, sulla luce-non-riflessa. Apparentemente, Pintaldi è costretto a rifletterla, a rappresentarla. La sua pennellata baticromica, monofotonica, in cui ogni ovulo di luce si è appena diviso in cromie trigemine omozigote, sembra retrodatare la luce-non-riflessa all'era avanti Baird.

Per carità: anche se povera, è una lettura legittima anche questa.

Pintaldi critica il monopolio televisivo delle immagini straniandole con uno sguardo volutamente inattuale, ci fa guardare la tivù con lo sguardo dei nostri antenati, con il loro sguardo lunare, sguardo di Giotto (787 a.B.) o di Seurat (33 a.B.).

Come lavora, Pintaldi? Il suo mettersi in posa di pittore, la sua messa in scena, è quella di chi copia pixel dopo pixel un'immagine rubata a uno schermo.

[...]

Non è così. Pintaldi ricava una stampa dell'immagine che gli interessa. Questa stampa non contiene ancora la scomposizione atomica della luce in terzetti di fotocromi. Al contrario. È predisposta per semplificare cromaticamente l'immagine. Usando un vecchio termine televisivo, potremmo dire che in questa fase progettuale Pintaldi "solarizza" l'immagine: fa un riassunto dei colori. Vengono eliminate le sfumature, i passaggi morbidi di tono diventano bruschi salti. Così, per esempio, la guancia di qualcuno che sta arrossendo per l'imbarazzo, o che è ubriaco, o che è affetto da *couperose*, può assomigliare vagamente a un bersaglio ad anelli: l'anello esterno è uniformemente rosa chiaro, quello mediano è rosa intenso, e il dischetto al centro è rosso. Queste campiture di colore sono contornate da linee isocrome (così come in una cartina meteorologica le linee isobare uniscono i punti aventi la medesima pressione atmosferica).

A partire dalle campiture isocrome, quindi, Pintaldi analizza l'intensità di tono, la saturazione del colore, la baticromia, e la scompone in cellule di luce tripartite, mimando la pixelizzazione televisiva. Insomma, non riproduce i famigerati pixel: li produce. Come gli oggetti dell'era bairdiana, Pintaldi è un organismo foto-emittente. Emette luce. Non la riflette. Noi, che guardiamo i suoi dipinti, siamo retrodatati a uno sguardo lunare, pre-bairdiano, mentre Pintaldi impersona l'artista che si è installato dalla parte della sorgente luminosa, si è immedesimato nella sorgente della luce.

[...]

Come tutte le categorie dello spirito, come tutti i paradigmi, ci si attende e si teme che Pintaldi si limiti a ribadire se stesso. Secondo me, con queste immagini rubate alla fantascienza televisiva (e al cinema in versione televisiva, pixelizzato, in versione non-riflessa), Pintaldi è andato più in là, è arrivato a un punto di non-ritorno, è giunto alla piena maturità della sua riflessione sulla luce-non-riflessa.

La nostra memoria televisiva e cinematografica ha un buon gioco nel collocare quei volti dentro le narrazioni che li riguardano. Pintaldi provoca questo rammemoramento, lo sfrutta per alludere all'incontro con l'alieno, così come un artista pre-bairdiano poteva usare l'iconologia dell'Annunciazione per alludere all'irruzione del soprannaturale.

Sono volti preoccupati, terrorizzati, abbacinati. Che cosa li impaurisce? Sono ritratti nell'attimo dell'incontro con una visione aliena. Questi volti irradianti, foto-emittenti, sono a loro volta irradiati da una visione aliena. Che cosa stanno vedendo, che cos'è questa visione? È la visione dell'infinitamente alieno, la visione della luce pura, della luce-non-riflessa. La luce-non-riflessa sostanzia questi volti, li attraversa, li tesse (così come un tessuto, a ben vedere, è tessuto dai vuoti luminosi fra le maglie). Sono sguardi traguardati

dalla visione stessa, sono sguardi travisati, sfondati. Sono sguardi che stanno per essere disintegrati dalla luce che li trapassa. Probabilmente le pennellate monofotoniche di Pintaldi sono ciò che resta delle molecole di questi volti fatti esplodere dalla visione della luce-non-riflessa, ciò che vediamo è solo il loro riflesso lunare che si è spiacciato ordinatamente sulla tela.

Per questi volti – che hanno incontrato l'infinitamente alieno della luce-non-riflessa e ne sono usciti malconci, invecchiati, sdruciti, oppure stanno per incontrarlo e ne sono terrorizzati – per questi volti il mondo è diventato tutto-sole, non c'è nessuna superficie lunare dove riparare lo sguardo. Non c'è più riposo per lo sguardo, non c'è più riflessione, non c'è più allusione, non c'è più simbolo, non c'è più metafora. Non c'è più luna.

La cosa più importante nei dipinti di Pintaldi, secondo me, è lo sfondo che intride tutto, la massa scura che contiene le pennellate fotoniche. Il nero che le avvolge. Quando ci penso, mi figuro un artista italo-argentino che prende a lamettate e punteruolate una tela monocroma, e dentro il taglio e i buchi che cosa trova? Trova il fondo nero del mondo, l'aldilà del guardare.

[...]

Il nero che circonda le pennellate monofotoniche di Pintaldi è quello che sta dietro i tagli e i buchi di Fontana, è quel tessutino scuro commoventemente incollato sul retro della tela, artigianalmente, truffaldinamente. Altro che televisione! Pintaldi ha bucato quel nero, il nero dei fondini di Fontana, l'ha bucato sistematicamente, migliaia di volte, alla ricerca della sorgente della luce, per lasciar passare la luce-non-riflessa e attingerla dal fondo nero del mondo.

[...]

Dal catalogo della mostra personale, Galleria 1000eventi, Milano, 2001

A Short History of Light

Tiziano Scarpa

I am going to tell you the history of light. Western history is divided into time before and after Christ. Islamic history is divided into time before and after Mohammed. In the same way, the history of light is divided into before and after John Logie Baird. Therefore, we are now currently in 77 a.B., which is seventy-seven years after Baird.
It is important to know that seventy-seven years ago, in 1924, the following happened: light moved into things. Before that, light used the following pattern: it came from the sun, it bounced off things, and it arrived into our eyes. With the exception of only a few things—stars, fire, light bulbs—everything we saw was just a triangulation of light.
The moon was the perfect symbol of this triangulation.

[...]

Before John Logie Baird, everywhere we looked our vision was moonlike. The entire world was a reflecting device. The walls of rooms were moonlike. The blue of the sky was moonlike. The streaks of sunlight on the sea were moonlike. Faces were moonlike. Art was moonlike. Everything reflected, everything shined.
All light was reflected, all light was a representation of light.
This is one of the reasons why people were fascinated and stared at fire. Besides the sun, fire was the exception to the mooniness of light, it was the only thing impregnated and filled with light. The only thing on earth literally made of light. The only light event that could be looked at for a long time without being blinded. But above all, it was the only case in which light did not bounce from one object before jumping into the eye. Light jumped directly from fire into the eye.

[...]

February 1924: John Logic Baird publicly presents the first experiment of TV images.
April 1925: he sends the first photo transmission frames from one television to another.
October 1925: from one room to another he sends through a television the clear images of human faces.

[...]

For me, Cristiano Pintaldi is in the category of a spirit, a paradigm.
I imagine him while he analyzes the batichromy of the universe. As for all spirit categories, Pintaldi provokes within me a lexical excitement, thus making me write words that perhaps do not even exist: batichromy, for example, depth of color.

[...]

Some say that Cristiano Pintaldi is a sociological symptom of a generation (mine) that grew up with bread and television, and therefore would not do anything else except to elaborate, in a more or less artistic form, what they have eaten (the artist as digestive apparatus, the artist as defecator!); some say that he is a lazy imbecile.
Pintaldi's images are reflections regarding light. A reflection about pure light, about non-reflected light. Apparently, Pintaldi is obliged to reflect upon and to represent it. His batichromatic monophotonic strokes in which every ovum of light is barely divided in trigemine homozygous. It seems to date back to the non-reflective light era before Baird.
Please don't misunderstand. Even if poor, this is also legitimate reading.
Pintaldi criticizes television's monopoly of images, estranging them with an intentionally outdated look. He makes us watch television from the perspective of our ancestors with their moonlike look. Giotto's (787 b.B.) or Seurat's (33 b.B) look.
How does Pintaldi work? His striking pose as a painter, is one of putting on a show and is like the one of who copies pixel after pixel a screen-stolen image.

[...]

It isn't like that. Pintaldi extracts a print from the image he is interested in. This print hasn't yet been light-atomically broken in a trio of photochroms. Quite the contrary. It is set to automatically simplify the image. Employing an old television term, we could say that in his project phase, Pintaldi, "solarizes" the image: he summarizes the colors.

The shadings are eliminated, the soft scenarios become sharp.

So, for example, the red face of a person blushing, or affected by wine, or *couperose* can seem like a target: the outer circle is light pink, the middle is dark pink and the inner one is red.

These fields of colors are surrounded by isochromic lines (the same as in a weather map where the isobaric lines connect together all of the points that share the same atmospheric pressure).

Starting from the isochromatic fields, Pintaldi analyzes the tone intensity, the color saturation, the batichromy and finally breaks it in tripartic light cells, miming the TV's pixelization.

So, he doesn't copy the pixel but produces them himself. Like the objects in Baird's era, Pintaldi is a photo-emitting organism. Shining light. Not reflecting it. Looking at his paintings, we are the ones outdated at a moonlike, pre-Baird look. But Pintaldi impersonates the artist who is in the place of a light source, he becomes the light source.

[...]

As for all of the spirit categories, and as for all of the paradigms, we expect and worry that Pintaldi always repeats himself. In my opinion, with these images stolen from science-fiction TV shows (and at the movies where they are shown in TV format, in pixels, in a non-reflecting version), Pintaldi has still gone further ahead, to a point of no return, at the height of his maturity, in his reflection about non-reflected light.

Our television and movie memory finds it very easy to place those faces in a story. Pintaldi provokes this way of thinking, and uses this type of memory for recalling the encounter with a UFO, like a pre-Baird artist's employment of the icon of the Annunciation in presenting the arrival of a supernatural event.

Usually, these are scared, worried, and shocked faces. What scares them? They are depicted in the moment of the encounter with the alien.

What are they looking at...what is this vision? It is the vision of the infinitely alien, the vision of pure light, of non-reflected light.

Non-reflected light gives substance to these faces, it goes through them, it knits them (like a fabric, if examined carefully, is knit and has empty light-filled spaces in-between). These are eyes filled by the vision itself, completely distorted. These are eyes that are about to be disintegrated by the light that goes through them. Maybe, the monophotonic strokes of Pintaldi are just what is left of these exploded faces by the non-reflected light, and what we see is just the leftovers of the moonlike reflection on the canvas. For these faces, which have already met the infinitely alien of non-reflected light, and came out to be beaten, aged, in pieces, or are just about to meet it and are scared; for these faces, the world has become an "sun-filled" world. There is no longer a lunar surface where we can lay our eyes on. There is no more rest for vision, no more reflection, no more allusion, no more symbols, no more metaphor. No more moon.

The most important thing in Pintaldi's painting, in my opinion, is the background that fills everything, the dark mass that contains the photonic brushes. Blackness that closes up around everything. When I think of it, I imagine an Italian-Argentinean artist who uses a razor and a bodkin to cut monochromatic canvases, and inside of the cuts and the holes what does he find? He finds the dark bottom of the world, the afterworld of sight.

[...]

The backdrop which surrounds the monophotonic brushes of Pintaldi, it is the one behind the cuts and the holes of Fontana, it is the dark piece of fabric nicely and fraudulently hand-pasted into the back of the canvas.

Television means nothing compared to it! Pintaldi has broken the blackness, the blackness in Fontana's backdrops, he has punctured it a thousand times, in search of the light source, so that the non-reflected light could come through, from the black darkness the world.

[...]

From the catalogue of the solo exhibition, Galleria 1000eventi, Milan, 2001

I primi passi di Pintaldi

Giuliana Stella

Ho visto per la prima volta il lavoro di Cristiano Pintaldi nel 1991, un impatto visivo nuovo e originale: le impressioni immediate mi ricordavano alcuni temi del divisionismo e della pop art, ma al tempo stesso percepivo caratteristiche diverse; sicuramente una nuova storia. [...] Anche Cristiano Pintaldi divide la superficie in parti infinitesimali e le riempie di colore. Queste sue piccolissime aree sono sempre, matematicamente e rigorosamente, dipinte in rosso, verde e blu: i colori del pixel, che è codice della trasmissione dell'immagine e diviene chiave di lettura e strumento principale nella ricerca dell'artista [...] Pintaldi individua quindi nel pixel un proprio codice per elaborare una personalissima tecnica di rappresentazione ed è solo con aggiunte di nero, dato in percentuali minuziosamente controllate, sul rosso, verde e blu, che si creano i contrasti. La ricerca di tonalità avviene attraverso variazioni di luminosità: la luce è alla base di tutto. Si ha per esempio la netta percezione dei bianchi anche dove il "colore bianco" non è mai utilizzato. È il nero che in varie dosi, per sottrazione, modifica i colori rendendoli più o meno luminosi, è il nero come medium e base che permette trasparenza e luce. [...] La costruzione e l'applicazione della mascherina sulla superficie sono solo le prime fasi di una tecnica elaboratissima messa a punto dall'artista per rappresentare una realtà fatta di immagini scelte, fissate e catturate attraverso la tecnologia e poi rielaborate in modo del tutto autonomo e originale. Sono così evidenti alcune caratteristiche totalmente nuove rispetto alle tematiche delle avanguardie storiche sopra menzionate, palesemente attinte alla propria contemporaneità.

La realtà in cui Pintaldi vive è fatta di immagini prodotte da televisione, video e computer, sicuramente una realtà filtrata e riproposta dalla tecnologia. Si potrebbe allora dire che il mezzo è la realtà e che la realtà è innanzitutto ciò che si può "tele-vedere". [...] L'artista riprende in mano le fila del gioco: il dato tecnologico è il mezzo per rientrare in modo assolutamente singolare nei processi creativi. I soggetti scelti da Pintaldi riguardano spesso il complesso universo extraterrestre, che l'artista elabora e trasmette come se riuscisse a penetrare in una visione oltre il mezzo con un ulteriore livello di percezione. Una specie di "terzo occhio" che indaga su qualcosa di sconosciuto ma che avvertiamo anche come qualcosa che ci appartiene da sempre e che viene comunque da molto lontano. "Le immagini", che riconosciamo, si propongono in modo diverso dal solito. [...] Abbiamo l'impressione di poter decidere ancora della loro presenza e della loro consistenza, perché basta avvicinarsi alla superficie del quadro per non vedere più l'immagine, che pure vi è riprodotta, ed avere solo la percezione di tantissime piccole zone colorate a sottili strati verticali che, a tre a tre, scandiscono continuamente varie tonalità di rosso, verde e blu. Ma l'immagine c'è e sappiamo bene di averla incontrata: forte, si è imposta alla memoria in un preciso momento, a una certa distanza dal quadro, e basta scorgerne una piccola parte per riafferrarla nella sua interezza. [...] Nei lavori di Pintaldi la forma è definita totalmente dalla luce. La prospettiva è annullata: il soggetto sembra galleggiare in uno spazio dove la fisicità si espande e si contrae per dinamiche proprie. L'aspetto sensoriale assume dimensioni più estese. [...] L'immagine in Pintaldi è l'esito dell'energia, ovvero l'emergere e distinguersi da un massimo di entropia che è il nero assoluto della trama originaria. La proposta artistica di Pintaldi è il percorso più breve, non mediato, tra pensiero e immagine; l'assoluta originalità del suo fare è mettersi al confine remoto e insondabile di quell'attimo che è la forma quando "diviene" alla percezione e si "riconsegna" alla storia delle immagini. È l'apparizione di un mondo di "virtualità quantistica" e di assoluto pensiero, origine virtuale della percezione stessa.

Dal catalogo della mostra personale, Galleria Il Ponte Contemporanea, Roma, 1995

Pintaldi's First Steps

Giuliana Stella

I first saw the work of Cristiano Pintaldi in 1991; a new and original visual impact. My immediate impressions reminded me of Divisionism and pop art. But at the same time I perceived other characteristics; certainly something new. [...] Cristiano Pintaldi also divides the surface into numerous parts and systematicallly fills them with color. These tiny areas are always, rigorously and mathematically painted in red, green and blue: the colors of the pixel: the code for the transmission of images which becomes the key for reading and the principal instrument in the research of the artist. [...] Pintaldi thus identifies in the pixel a code with which to elaborate a personalized representational technique which is also able to render the chiaroscuro through gradations of luminosity which have been thoroughly studied and constructed from the very limited range of pixel colors. And it is only with the addition of black that the contrasts are created. The tonal research occurs through variations in luminosity. Light is at the basis of everything.

For example, one has the definite perception of white, but where the "color white" has not been used. And the black which, through subtraction, modifies the colors to varying degrees, making them more or less luminous; it is black used as the medium and basis which allows transparency and light. [...] The construction and application of the screen to the surface are only the first phases of an elaborate technique conceived by the artist to represent a reality of images which are chosen, fixed, and captured through technology and then relaborated in an autonomous and original way. Certain characteristics which are totally new to the abovementioned historical avant-garde are thus evident, and clearly taken from the present day. The reality in which Pintaldi lives and from which he draws inspiration is made up of images produced by television, video, and computers; a reality which is certainly filtered and reproposed by technology. One could say that the medium is reality and reality is above all that which one can teleview. [...] The artist rewrites the rules of the games: technological data are a means to enter into the creative processes in a unique way. Along with the fascinating experience of the representation of reality, unusual and unfamiliar stimuli are sought out in order to get into subtle and profound perceptive layers. The subjects chosen by Pintaldi often concern the complex extraterrestrial universe figures of UFOs and aliens chosen from a carefully selected collection of images–the result of detailed research on all the existing documentation of a reality which has so far reached us only through photographic and video evidence. This the artist elaborates and transmits as if he were able to enter into a vision beyond the means and with a further level of perception. He seems to have the gift of intuition which, through video, enters into contact with a space and dimension which, for the moment, we can only imagine. A type of "third eye" that investigates something which is unknown but which we feel as always having belonged to us and which, in any case, comes from a great distance. Paradoxically, it could simply be a great and ambiguous attraction for that which seems "beyond us." The "images," which we recognize, present themselves in an unusual way.

[...] We always have the impression of being able to determine their presence or consistency as it is enough to approach the surface of the painting to lose sight of the image and to have only the perception of numerous small areas colored with subtle vertical layers which, three by three, continuously articulate tonalities of red, green and blue. But the image exists and we can recall seeing it: it has asserted itself on the memory at a precise moment and at a precise distance from the painting and it is enough to make out a small part of it in order to grasp it once again in its entirety.

[...] In the works of Pintaldi form is completely defined by light. There is no perspective: the subject seems to float in a space where the physical expands and contracts through its own dynamics. The sensual aspect acquires greater dimensions.

[...] In Pintaldi the image is the result of energy: that is, the coming to the surface and distinguishing from the maximum entropy which is the absolute black of the original theme. The artistic proposal of Pintaldi is the shortest unmediated route between thought and image: the absolute originality of his work is in his placing himself at the remote and fathomless boundary which is form when it is intended by perception and is delivered into the history of images. The apparition of a world of "quantum virtuality" and absolute thought, the virtual origin of perception itself.

From the catalogue of the solo exhibition, Galleria Il Ponte Contemporanea, Rome, 1995

Apparati / Appendix

Cristiano Pintaldi

Nato a Roma nel 1970, vive e lavora a Roma
Born in Rome in 1970, he lives and works in Rome

Mostre personali / Solo exhibitions

2002
Cristiano Pintaldi 1991-2001, a cura di/curated by
Costantino D'Orazio, Centro per le Arti Visive
Pescheria, Pesaro (Catalogo/catalogue)

2001
Pinta 'l di, No Code, Bologna
∞-01, Galleria 1000eventi, Milano (catalogo/
catalogue)

2000
∞, Galleria 1000eventi, Milano; mostra
itinerante/traveling exhibition: FIAC, Paris

1999
Galleria Mario Sequeira, Braga, Portugal (catalogo/
catalogue)
Jump, Galleria Franco Noero, Torino (catalogo/
catalogue)

1998
CP, a cura di/curated by Roberto Daolio, Galleria
d'Arte Moderna – Spazio Aperto, Bologna (catalogo/
catalogue)
Il futuro nella memoria, a cura di/curated by Renato
Barilli, Villa Domenica, Treviso (catalogo/catalogue)

1997
La coscienza dell'incoscienza, a cura di/curated by
Giuliana Stella, Studio d'Arte Enzo Cannaviello,
Milano (catalogo/catalogue)

1996
Recomb-Hack, a cura di/curated by Franco Berardi,
Studio Ercolani, Bologna (catalogo/catalogue)

1995
1995, a cura di/curated by Giuliana Stella, Galleria

Il Ponte Contemporanea, Roma (catalogo/catalogue)
5 Personali, a cura di/curated by Jonathan Turner,
La Tartaruga, Castelluccio di Pienza, Siena (catalogo/
catalogue)

1992
Avvistamenti, a cura di/curated by Achille Bonito
Oliva, Galleria Sprovieri, Roma (catalogo/catalogue)
Mosca 1992, a cura di/curated by Luigi Scialanga,
Aidan Gallery, Moskva (catalogo/catalogue)

1991
Trasmissioni, a cura di/curated by Luigi Scialanga,
Galleria 2RC, Roma (catalogo/catalogue)

Mostre collettive / Group exhibitions

2002
*Verso il Futuro. Identità nell'arte italiana
1990–2002*, a cura di/curated by Ludovico Pratesi
e/and Costantino D'Orazio, Museo del Corso, Roma
(catalogo/catalogue)

2001
Tutto l'odio del mondo, a cura di/curated by
Alessandro Riva, Arengario, Milano
Present Future, Artissima, Internazionale d'Arte
Contemporanea, Torino Esposizioni, Torino (catalogo/
catalogue)
Milano Europa 2000, Triennale, Milano (catalogo/
catalogue)
Boom!, Ex-Manifattura Tabacchi – Manifattura
d'Arte, Firenze (catalogo/catalogue)

2000
Arte in apnea multimediale, Antica Salara, Bologna
L'altra metà del cielo, a cura di/curated by Alice
Rubbini, Stadische Kunstammlugen, Chemiz,
Germany; mostra itinerante/traveling exhibition:

Rupertinum Museum, Salzburg; Müxarnok Kunsthalle,
Budapest; Galleria d'Arte Moderna, Bologna
Sui Generis, Padiglione d'Arte Contemporanea,
Milano
Premio del Golfo, Biennale, La Spezia, Italia
La festa dell'arte, Acquario Romano, Roma
Futurama, Museo Pecci, Prato

1999
I giganti, Fori Imperiali, Roma
La pittura ritrovata, Museo Nazionale del
Risorgimento, Roma
Il Comunismo, Annina Nosei Gallery, New York
Alle soglie del 2000, a cura di/curated by Renato
Barilli, Palazzo Crepadona, Belluno; mostra
itinerante/traveling exhibition: Galleria Civica,
Cortina d'Ampezzo (catalogo/catalogue)

1998
Mito Velocità, a cura di/curated by Alberto Fiz,
Galleria d'Arte Moderna, San Marino (catalogo/
catalogue)
La festa dell'arte, a cura di/curated by Ludovico
Pratesi, Ex Mattatoio, Roma (catalogo/catalogue)
Cronache vere, a cura di/curated by Alessandro
Riva, Spazio Consolo, Milano (catalogo/catalogue)
Blue spazio libero per l'arte, a cura di/curated by
Ludovico Pratesi e/and Laura Magni, Cineplex
Porto Antico, Genova (catalogo/catalogue)

1997
Defrag, Angelo Iama, Osaka
Exelixis, a cura di/curated by Alice Rubbini,
Fondazione Melina Merkouri, Neumatico Kentro,
Athens (catalogo/catalogue)
Officina Italia, a cura di/curated by Renato Barilli,
Galleria d'Arte Moderna, Bologna (catalogo/
catalogue)
Premio Marche 1997, Mole Vanvitelliana, Ancona
(catalogo/catalogue)

Dall'Italia, Gallerie Haus Schneider, Karlsruhe,
Germany (catalogo/catalogue)
Trasmissione, Musée Espace des Arts, Chalon-sur-
Saône, France (catalogo/catalogue)

1996
Collezionismi a Torino, Castello di Rivoli, Torino
(catalogo/catalogue)
Identità e differenze, a cura di/curated by Achille
Bonito Oliva, XIX Esposizione Internazionale della
Triennale, Palazzo d'Arte, Milano (catalogo/catalogue)
Inedito Open 1996, a cura di/curated by Achille
Bonito Oliva, Latina Expo, Capannone Ex-Consorzio
Agrario, Latina, Italia (catalogo/catalogue)
Immagini italiane, a cura di/curated by Ludovico
Pratesi, Medienmeile im Hafen, Germany; mostra
itinerante/traveling exhibition: Düsseldorf; Köln
(catalogo/catalogue)
Modernità Progetto 2000, a cura di/curated by Laura
Cherubini, Fondazione Palazzo Bricherasio, Torino
Ultime Generazioni, XII Quadriennale Nazionale
d'Arte, Palazzo delle Esposizioni, Roma (catalogo/
catalogue)

1995
Fax Art, a cura di/curated by Ludovico Pratesi,
Palazzo delle Esposizioni, Roma (catalogo/catalogue)
La passeggiata, Ecole Régionale des Beaux Arts,
Rennes, France

1994
What's your petrol, Galleria Auto-rimessa, Roma
Avvistamenti, Galleria Sprovieri, Roma
Senza Titolo, a cura di/curated by Luca Beatrice,
Castello di Rivara, Torino (catalogo/catalogue)

1993
Xenografia, XLV Biennale di Venezia – Sezione
Eventi, Venezia
Avvistamenti, a cura di/curated by Achille Bonito

Oliva, Scola dei Mureri di San Samuele, Venezia
(catalogo/catalogue)

1992
*XXXVII Mostra Internazionale d'Arte
Contemporanea*, a cura di/curated by Achille
Bonito Oliva, Termoli, Italia (catalogo/catalogue)

1991
Europe Unknown, Palazzo della Cultura, Cracow
(catalogo/catalogue)
Roma-Mosca: artisti d'oggi a confronto, Galleria
Sprovieri, Roma (catalogo/catalogue)

Premi / Awards

2000
Premio del Golfo, Biennale, La Spezia, Italia

1996
Inedito Open 1996, Latina Expo, Latina, Italia
(Primo premio/First prize)
Ultime generazioni, XII Quadriennale Nazionale
d'Arte, Roma (Quarto premio/Fourth prize)

Bibliografia selezionata / Selected bibliography

2002
Marinella Paderni, *Cristiano Pintaldi*, "Tema
Celeste", marzo-aprile/March-April
Giovane Pittura Italiana, "Flash Art", febbraio-marzo/
February-March
Lo specchio della realtà. Di successo, "Arte", febbraio/
February
Pintaldi dal Grande Fratello a No Code, "Arte",
febbraio/February

2001
La pittura del Grande Fratello, "La Repubblica", 13
dicembre/December
Federico Chiara, Grazia Scalia, *Philosophy*, "Vogue
Italia", ottobre/October
Minnie Gastel, *Arte New Wave*, "Donna", settembre/
September
Luca Grazioli, *Entra in sauna, che l'audience sale*,
"L'Espresso", 13 settembre/September
GAM Bologna (a cura di/edited by), *L'altra metà
del cielo*, "Flash Art", agosto-settembre/August-
September
Arianna Di Genova, *Gossip su tela*, "Amica", 28
marzo/March
Mario Savino, *Cristiano Pintaldi*, "Arte e Critica",
gennaio-marzo/January-March
Arianna Di Genova, *Arte-Fiera, il "made in Italy" va
a gonfie vele*, "Il manifesto", 23 gennaio/January

2000
Maurizio Sciaccaluga, *Paesaggi fluttuanti. La
realtà imita la fantasia*, "Solointerni", novembre/
November
Elisabetta Rota, *Premio del Golfo, La Spezia*, "Flash
Art", ottobre-novembre/October-November
Ludovico Pratesi, *Le strane creature di Pintaldi: il
mondo dell'artista popolato da alieni e pigmei*, "La
Repubblica", 21 settembre/September

1999
Ludovico Pratesi, *Quelli del 2000, nei pixel su tela
la verità sulla TV...*, "La Repubblica", 4 gennaio/
January
Elisabetta Luca, *Cristiano Pintaldi*, "Juliet", gennaio/
January

1998
Francesca Giuliani, *La cassaforte di Cucchi e gli
alieni a casa Pintaldi*, "La Repubblica", 23 giugno/
June
Cristiano Pintaldi, *Il villaggio dei dannati*, "Tema
Celeste", marzo-aprile/March-April

1997
Laura Gelmini, *I punti luminosi di Pintaldi, una
pittura che clona la TV*, "Il Cittadino", 25 marzo/
March
Ludovico Pratesi, *E il pennello lo imitò il computer*,
"Il Venerdì di Repubblica", 21 febbraio/February
Augusto Pieroni, *L'arte del Partito Preso*,
"Liberazione – Il giornale comunista", 2 gennaio/
January

1996
Pittura, come scegliere gli emergenti, "Il Sole 24
Ore", 1 dicembre/December

Finito di stampare nel maggio 2002
da Lasergrafica Polver, Milano
per conto di Edizioni Charta
su carta Gardamatt Art delle Cartiere del Garda

Contents

Voorwoord

De films van Jeroen Eisinga zijn komisch, absurd, soms tragisch of pathetisch, maar altijd prikkelend.
Jeroen Eisinga provoceert. Op een manier die verwarring en een gevoel van onbehagen oproept.
Van tijd tot tijd ontlaadt zich dat gevoel bij de kijker in een glimlach, maar het blijft terugkomen.
Ogenschijnlijk is er geen algemene noemer in Eisinga's films te ontdekken. Soms is een film bijna
een documentaire registratie van een situatie en bestaat dan bijvoorbeeld uit één enkele opname, zoals
Arm Schaap (1997). In andere gevallen is een film opgebouwd uit verschillende shots, zorgvuldig
gemonteerd tot een verhalend geheel. Soms acteert Eisinga zelf, soms laat hij anderen acteren. Binnen
zijn werk combineert hij film met beeldende kunst en performance. Wat in bijna elke film terugkomt
is de eenvoud en de absurditeit. Zoals in zijn meest recente film, **De Idioot** (1999), die van 26 juni tot
22 augustus 1999 te zien was in het Van Abbemuseum, in de gelijknamige tentoonstelling die heeft
geleid tot deze publicatie. Daarin spreekt een jongeman (gespeeld door Eisinga zelf) een maïsveld toe,
als een koning die zich wendt tot zijn onderdanen. Engelen hebben hem opgedragen een voettocht
naar de horizon te maken, als boetedoening, zegt hij. Vol overgave aanvaardt hij zijn lot en gaat hij op
weg. Grote dromen, absurde daden. Einde verhaal. Hilariteit, maar ook verwarring.
Het begon allemaal in 1993. Eisinga's fascinatie voor een oude Volkswagen Kever deed hem ertoe
besluiten zijn eerste film, **40-44-PG** (1993), te maken. Het is een registratie van een 'actie' zonder
publiek. We zien een open landschap waarin een auto zonder bestuurder doelloos rondcirkelt. Eisinga
loopt dezelfde cirkel in tegengestelde richting. Hij is geblinddoekt en zoekt tastend zijn weg, terwijl de
auto van tijd tot tijd langs zijn lichaam schampt. De camera is de enige getuige van deze confrontatie
tussen mens en machine. Wat deze getuige registreert wordt zowel voor Eisinga als voor zijn publiek
pas zichtbaar tijdens de vertoning van de film. In een latere film, **Het Zesde Zintuig** (1994), observeert
een meisje met een camera een vervaarlijk blaffende hond achter een hek. De agressie van de instinc-
tief reagerende hond versus de koele, afstandelijke observatie van het meisje fascineert. Hier speelt
degene die de camera hanteert zichtbaar een rol in de film. Het meisje filmt en wordt tegelijkertijd
gefilmd. De afstand tussen toeschouwer en deelnemer vervaagt. De toeschouwer is deelnemer geworden in de film **Het belangrijkste moment van mijn leven** (1995). Eisinga speelt in de film zichzelf, de
kunstenaar Jeroen Eisinga. Hij deelt zijn publiek mee dat hij het belangrijkste moment van zijn leven
gaat vastleggen met een zelfgemaakte camera. Zijn voornemen mislukt en hij biedt ons zijn excuses
aan. Omdat er niets belangrijks gebeurt? Of omdat de camera niet werkt? Eisinga's films geven zich
nooit helemaal prijs. Keer op keer brengen ze de kijker in verwarring en weten ze nieuwe vragen op te
roepen.

Jan Debbaut

Foreword

The films of Jeroen Eisinga are comical, absurd, sometimes tragic, sometimes melancholic, but always provocative. Eisinga provokes and arouses confusion and perplexity. Now and again this feeling is lightened and a brief smile appears on the viewer's face, but soon the disquiet returns. It would seem that there's no general label that fits Eisinga's films. Sometimes it's almost a documentary reportage of a situation, consisting for example of one single shot, as in **Poor Sheep** (1997). In other cases a film will be constructed from several shots carefully juxtaposed to create a narrative whole. Sometimes Eisinga himself acts in the film, sometimes other people. His work combines film with performance and visual art. Two elements almost always figure – simplicity and absurdity. As in his most recent film **The Idiot** (1999) which could be seen in the Van Abbemuseum between 26 June and 22 August 1999 as part of the exhibition of the same name. This exhibition proved the inspiration for the present book. In the film a young man, acted by Eisinga, declaims before a field of corn like a king addressing his people. Angels have commanded him to journey on foot to the horizon as a form of penance, he announces. He humbly accepts his lot and sets on his way. Magnificent dreams, absurd behaviour. End of story. Hilarity – but is someone taking the mickey?
It all began in 1993. Eisinga's fascination for an old Volkswagen Beetle persuaded him to make his first film, titled **40-44-PG** (1993). It registers a performance without a public. We see an open landscape in which a driverless car circles aimlessly. Eisinga is walking the same circle, but then in the opposite direction. He is blindfolded and gropes his way forward. From time to time the car shaves past him. The only witness of this confrontation between man and machine is the camera. And what it registers only becomes visible – both for Eisinga and for the viewer – when the film is shown. In a later film, **The Sixth Sense** (1994), a girl with a camera records a fierce dog barking behind a fence. The aggression in the animal with its instinctive reactions, is contrasted with the cool detached observation of the girl. It is fascinating. Here the filmer is a visible actor in the film. The girl is filming and being filmed. The distinction between viewer and participant is blurred. In the film **The most important moment in my life** (1995) the viewer has become a participant. Eisinga acts the part of himself, the artist Jeroen Eisinga. He confides to his audience that he is about to record the most important moment of his life, using a home-made camera. It doesn't work and he offers his apologies. Because nothing important has happened? Or because the camera was a dud? Eisinga's films never really let us into their secrets. Again and again they lead the viewer into perplexity. They continually raise new questions.

Jan Debbaut

Het koninkrijk van het hiaat

door Jorinde Seijdel

"Hij is of een helderziende, of inderdaad uitzonderlijk intelligent en misschien in staat om heel veel dingen juist te raden. (Maar dat hij, als het erop aankomt een 'idioot' is, daaraan bestaat geen twijfel.)"

F.M. Dostojewski, *De Idioot* [1]

De volgende trefwoorden, ongeordend weergegeven en vast niet compleet, geven aan waaraan ik dacht bij het kijken naar Jeroen Eisinga's films, of wat in mijn hoofd bleef rondspoken na een gesprek met hem: koeien, theater, moedermelk, peddels, ongelukken, gevaar, sciencefiction, Tarkovsky, camera's, publiek, slapsticks, thrillers, bomen, video, televisie, dood, spel, Icarus, Don Quichotte, dromen, Buñuel, Bataille, Buster Keaton, jongleurs, oude Franse films, Robert Bresson, Rusland, Dostojewski, Duitsland, waarneming, honden, schapen, schilderkunst, Giovanni Bellini, voorstelling, Bas Jan Ader, falen, Mishima, verhalen, sloten, deuren, Duchamp, poëtische krankzinnigheid, performances, engelen, mystiek, extase, schoonheid, auto's, dreiging, filmstijlen, echt-onecht, Pasolini, toekomst, eclips, mollige baby's, wol, musea, rood, gymschoenen, stenen, aftitelingen, filmcrews, folklore, fictie, werkelijkheid, taal, geluid, bloed...

Wat ik gedacht heb, heb ik natuurlijk niet allemaal gezien: er komt geen koe voor in Eisinga's oeuvre, wel een arm schaap. En dat ik aan koeien dacht, aan gymschoenen, idioten of bloed, betekent nog niet dat de films daarover gaan. Het eigene van Eisinga's oeuvre ligt tenslotte in het onbeschrijfbare filmische, dat zich aan andere media onttrekt en zich slechts moeizaam door de taal laat omcirkelen. In afgeleide vorm bevindt iets ervan zich misschien in de leemtes tussen de woorden, waarvan een aantal in dit artikel zal oplichten in een poging iets mede te delen over Eisinga's 'koninkrijk van het hiaat'.

I. Ketterse momenten

"Schoonheid! Daarbij kan ik niet verdragen, dat een jong mens met edel hart en verheven gedachten, zijn weg begint met het ideaal van Madonna, en eindigt met de idealen van Sodom."

F.M. Dostojewski, De gebroeders Karamazow [2]

"De dubbelzinnigheid van dit menselijk leven schommelt tussen onbedaarlijk lachen en huilen. Het staat voor de moeilijkheid de verstandelijke berekening waarop het berust in overeenstemming te brengen met deze tranen... Met dit afschuwelijke lachen... "

Georges Bataille, De tranen van Eros [3]

Eisinga's films zijn verre van gelijkvormig: in een aantal speelt de kunstenaar een hoofdrol (**Kano (rood)**, **De Idioot**, **40-44-PG**), in andere treden acteurs op (**Het Zesde Zintuig**, **Gerdinand & Corline**); sommige films registreren een in de tijd uitgerekt moment (**Arm Schaap**, **Grauzone**), andere suggereren een verhaal (**Gerdinand & Corline, Night Porter**); een documentaire stijl (**Arm Schaap**) wordt afgewisseld met een meer theatrale vorm (**De Idioot**). Onafhankelijk van de vorm hebben de films echter gemeenschappelijk dat ze zich moeilijk laten 'vertalen', en spelen ze stuk voor stuk een subtiel spel met de verwachtingspatronen van de beschouwer. De werken ontstaan deels vanuit de vorm, maar ontlenen hun betekenis steeds aan de subversie ervan.

Om te ontdekken wat het filmisch eigene is in het oeuvre van Eisinga, ontkom je er niet aan ze ook te beschouwen als bewijsmateriaal voor wat eerder heeft plaatsgevonden aan handelingen voor de camera, om te spreken over bedoelingen, werkelijkheden, contexten, vormen, verhalen en betekenissen. Marshall McLuhan stelde al dat media hun inhoud ontlenen aan vroegere media: het benaderen van de in de toekomst liggende essentie van Eisinga's films, die fundamenteel verschilt van wat zich in het verleden voor de camera afspeelde, betekent dus ook je rekenschap geven van andere media.

Of Eisinga nu een beeldend kunstenaar is die film gebruikt of een door kunst gepreoccupeerde filmer, zijn werk toont dat hij codes en conventies uit beide disciplines inzet en met elkaar vermengt. Bovendien refereert hij daarbij aan diverse andere media en culturele categorieën. De werken ontlenen hun vorm ogenschijnlijk afwisselend aan performance- en videokunst en film, maar blijven zelden binnen de perken van deze veilige indelingen. Zo komen **Kano (rood)** en **40-44-PG** over als geregistreerde performances, maar zijn het uiteindelijk direct als film geconcipieerde werken; **Gerdinand & Corline** lijkt een verhalende film, refererend aan de bioscoopfilm, maar manifesteert binnen de context van de beeldende kunst nadrukkelijk een andere inzet. Elke film van Eisinga overschrijdt zijn vorm en precies daarin schuilt zijn avontuur.

Eisinga lijkt de regels en modellen van kunst en film vooral te willen kraken, door ze bewust gekunsteld te gebruiken. Zijn fascinatie voor het 'gemaakte' komt tot uitdrukking in de vele stijlfiguren, clichés en verwijzingen naar genres en ideologieën waarin pathetiek en sentiment een rol spelen: het komische van de stomme film, het theatrale van theater, het pittoreske en folkloristische in de kunst, het suggestieve van muziek, de gedramatiseerde spanning van de thriller, het betoverende van mystiek, het kunstmatige van taal... De per film qua samenstelling en zwaarte verschillende mix van betekenisgevende elementen, bevat voor de waarnemer steeds talloze herkenbare componenten. Eisinga voldoet echter niet aan de stereotype verwachtingspatronen die deze kunnen opwekken, zodat de waarnemer telkens op het verkeerde been wordt gezet. Een verwachte climax, verlossing, oplossing of plot blijft achterwege, of neemt een volledig onverwachte wending, voortkomend uit een logica die juist vreemd is vanuit conventionele perspectieven. De waarnemer krijgt keer op keer zijn eigen projecties teruggekaatst, met alle verwarring van dien.

Als beschouwer kun je je dan ook ongemakkelijk gaan voelen onder de films van Eisinga – niet in het minst ook omdat het parodistische gehalte erin vaak zo subtiel is dat het moeiteloos kan doorgaan voor ernst. Het is echter juist die ambiguïteit, die spanning tussen satire en seriositeit, tussen echt en onecht, tussen werkelijkheid en fictie waar het in Eisinga's werk, op verschillende niveaus, om gaat. De waarnemer laat zich makkelijk door de films verleiden, maar zal zich uiteindelijk moeten afvragen wie of wat nu eigenlijk verantwoordelijk is voor de betekenissen die opkomen en de stereotypen/ gemeenplaatsen die de revue passeren. De toespelingen op de kunstenaar als martelaar bijvoorbeeld, of de schijnbaar religieuze connotaties van sommige beelden in de films, kunnen zelfs een vorm van irritatie teweeg brengen, of een schrijnend gevoel van plaatsvervangende schaamte, dat echter gelijk geridiculiseerd wordt. Het beeld van een lijdend schaap (**Arm Schaap**), een tenhemelstijging (**Zoals het werd geopenbaard aan Jeroen Eisinga**), hemelse opdrachten (**De Idioot**), waanvoorstellingen, visioenen, lijdzaamheid... Wat is hier aan de hand? Wil Eisinga het negentiende eeuwse idee over kunst en kunstenaarschap in ere herstellen? Vergelijkt hij kunst met religie en beschouwt hij zichzelf of de kunstenaar als martelaar? Wil hij een eenheid van het heilige, erotische en esthetische illustreren, à la Georges Bataille? Of bespot hij dit alles juist? Is hij nu een gelovige of een afvallige?

Er lijkt hier in zekere zin sprake van eenzelfde soort onduidelijkheid en ontreddering die de Spaanse filmer Luis Buñuel opwekte met zijn films **Nazarin**, handelend over een priester, en **La Voie Lactée**, over ketterijen binnen de Christelijke Godsdienst, die door sommigen als antireligieuze strijdfilms werden beschouwd en door anderen als door het Vaticaan betaalde klerikale werken. In zijn boek *Mijn laatste snik* benadrukt Buñuel dat hij die films vooral bedoeld had als 'tochten door het fanatisme, waarin iedereen zich krachtig en onverzoenlijk vastklampt aan zijn stukje waarheid, bereid om daarvoor te doden of te sterven'. De geloofswegen die in zijn films worden afgelegd, zag Buñuel van toepassing op iedere politieke of zelfs artistieke ideologie.[4] Maar de ideologieën uit de tijd van Buñuel zijn heden ten dage natuurlijk nauwelijks meer levend te noemen: in de tijd van Eisinga zijn het vooral de door de media gecreëerde en in stand gehouden illusies die tellen, de ervaring en perceptie van de werkelijkheid beïnvloeden en de geloofssystemen uitmaken. Ook al oogt Eisinga's beeldtaal heel anders dan die van de snelle, gelikte media, hij verhoudt zich er wel degelijk toe, als hij speelt met de verwachtingspatronen en specifieke waarnemingsmechanismen gecultiveerd door film, video en televisie.

De door film en TV opgezweepte verlangens van het publiek naar actie, naar sensatie, naar een plot of een climax, naar een verdeling in goed en slecht, naar helden – gekweekte verlangens die ook op de werkelijkheid zelf geprojecteerd worden – worden door Eisinga echter niet bevredigd. De kano komt niet vooruit, het lukt de kunstenaar niet om het belangrijkste moment uit zijn leven openbaar te maken, vrouw en baby stijgen op, maar de hemel zien we ze niet bereiken in **Zoals het werd geopenbaard aan Jeroen Eisinga**, de Kever overrijdt de geblinddoekte man niet **(40-44-PG)**, het arme schaap wordt niet overeind geholpen, de vrouw met de stok in **Gerdinand & Corline** slaat er niet op los, de vervaarlijke hond in **Het Zesde Zintuig** valt niet aan... De specifieke waarnemingscodes die tellen in het domein van de kunst zijn allang geïnfecteerd en vervloeid met die van de media, zo wordt eens te meer duidelijk door dit spel met verwachtingen en conventies. Het venijnige van Eisinga's films is dat ze op deze wijze ook wat van het kunstmatige van de specifieke perceptie van de kunst onthullen: de kunst als geloofssysteem kan evengoed een dwaalleer zijn.

De antihelden die Eisinga opvoert – een lijdzame figuur in een onvaarbare kano (**Kano (rood)**), een 'koning' die een maïsveld toespreekt (**De Idioot**), een nachtportier die klungelt met een deur (**Night Porter**), een dromerige figuur op een bed (**Die Menschen sind töricht, sie können nicht fliegen**) – hebben iets van het kluchtige uit stomme lachfilms, of van het tragikomische van Don Quichotte- en Icarus-achtige, literaire figuren. Ondanks de ouderwets en literair aandoende wereldvreemdheid van deze personages, en ondanks de bizarre situaties waarin ze zich bevinden, appelleren ze toch, mede door de kwetsbaarheid die ze uitstralen en het vertrouwde van hun karakters, aan je inlevingsvermogen. Het zijn steeds 'falende' figuren, in conflict met hun omgeving. Maar een dieper inzicht in hun motieven of condities krijg je niet: ze blijven deel uitmaken van een andere werkelijkheid, met een eigen orde en logica.

In films als **Het Zesde Zintuig**, **Gerdinand & Corline**, **Grauzone** en **Night Porter** overheerst een 'thriller'-achtige, unheimische spanning, die echter niet is uitgewerkt tot een passend verhaal, maar wordt aangegeven door stijlfiguren waarmee we door film en televisie vertrouwd zijn geraakt. Het is vooral de kijker zelf die de spanning oproept, met vragen die de film niet expliciet stelt. Waarom filmt het meisje in **Het Zesde Zintuig** de opgewonden hond? Waarom achtervolgt de vrouw met de stok het gebarende stel in **Gerdinand & Corline**, en wat is haar relatie met het jonge meisje in die film? Wie zijn Gerdinand & Corline? In wat voor groezelige, Oost-Duits aandoende atmosfeer verdwijnt de figuur in **Grauzone**? Wat voert de nachtportier toch uit in die donkere gang? In andere films heerst een meer subtiele, terloops aanwezige vorm van 'suspense'. Waarom kijkt de kanovaarder achterom? Wat doet die zwarte auto in de verte bij **40-44-PG**? Het zijn vragen die de concrete film voorbij gaan en de interpreterende beschouwer mede tot betekenisdrager maken.

Wat doet een kanovaarder, of een koning in een weiland? Eisinga's films spelen zich vaak af op het Hollandse platteland (ook **40-44-PG**, **Arm Schaap** of **Zoals het werd geopenbaard aan Jeroen Eisinga** en **Het belangrijkste moment van mijn leven**), of tonen fragmentarische impressies van een schilderachtige landelijkheid. **Het belangrijkste moment van mijn leven** wordt ingeluid door beelden en muziek die een folkloristische sfeer oproepen. De openingsbeelden tot het schouwspel van moeder en baby voor een boerderij in **Zoals het werd geopenbaard aan Jeroen Eisinga** tonen een rustiek landweggetje. Volgens het negentiende eeuwse concept van het pittoreske, waarin het fotogenieke van de natuur werd ontdekt, onthult de natuur zich als afbeelding, als plaatje, als reproduceerbaar cliché, dat in onze tijd identiek is geworden aan de authentieke natuur. Eisinga lijkt de kunstmatigheid, de pathetiek van het pittoreske te gebruiken om de fictieve realiteit van zijn films te onderstrepen, de 'onechtheid' ervan. Er gaat een licht vervreemdend effect van uit – ook het alledaagse platteland vertegenwoordigt bijna een exotische realiteit – en plaatst het gefilmde 'ver weg' van de beschouwer.

Ook door zijn specifieke gebruik van taal, het gesprokene, werpt Eisinga de waarnemer op zichzelf terug, schept hij een afstand tussen diens realiteit en die van de film. De meeste personages spreken niet, en als ze dat wel doen, is het of heel geformaliseerd of in een andere taal. De idioot spreekt heel gedragen in een soort Oudnederlands; de kunstenaar die het belangrijkste moment van zijn leven wil tonen spreekt Servo-Kroatisch, terwijl de ondertiteling Engels is; de gesproken tekst over vliegen in **Die Menschen sind töricht, sie können nicht fliegen** is geheel in het Duits. Gerdinand & Corline lijken zich van gebarentaal te bedienen. Het is alsof Eisinga, door af te wijken van de gesmeerde, conventionele communicatie, wil voorkomen dat we wat er gezegd wordt aannemen ter illustratie van de beelden en wil benadrukken dat het vooral gaat om innerlijke situaties, die middels de sereniteit van het beeld de intuïtie willen aanspreken.

Hoe bewust Eisinga zich is van het spel dat hij speelt met codes en realiteiten, blijkt ook uit de aandacht die hij schenkt aan de grafische stijl van de weergave van titel en 'credits' (met name in **De Idioot** en **Het belangrijkste moment van mijn leven**), die steeds verschillend is en aansluit op de specifieke ambiance en vorm van de betreffende film. Hij zet alle elementen, ook de muziek, het geluid, de kleur van de film en het gebruikte medium (direct op 16 mm, of video of Super 8 film overgezet op 16 mm), weloverwogen in ten bate van een eigen beeldtaal, die door de vele verwijzingen naar bekende vormen en stijlen niet autistisch is, maar vooral diepte en betekenis krijgt door de leemtes die daar tussen optreden. Eisinga's antihelden zijn ook afvalligen, dwaalgeesten. Zij ontsluiten ketterse momenten, waarin je deelgenoot wordt van gebeurtenissen die uiteindelijk vreemd blijven aan alles. De films ontsprongen uit de realiteit, maar ze keren er niet naar terug – alleen in die zin zijn ze mystiek.

II. De jongleur

Al een paar jaar staat er bijna dagelijks achter het gebouw van de Nederlandsche Bank in Amsterdam een jonge man die als een bezetene ballen jongleert, vaak alleen gekleed in een minuscuul sportbroekje, uur na uur en weer of geen weer. Als een maniak, want uit zijn hele houding, een totale en verbeten fixatie louter op zijn eigen spel, valt op te maken dat hij niet op publiek of communicatie uit is. De terzijde plek die hij gekozen heeft voor zijn autistische act is er ook niet bepaald één die door de gewone straatartiest gebruikt zou worden. Ook de duur en monotonie van zijn zich eindeloos herhalende gratis voorstelling, die dus eigenlijk geen voorstelling is, doen vermoeden dat zijn inzet niet het tonen van een kunstje is of het overbrengen van een boodschap, maar, duisterder, te maken heeft met primaire zelfhandhaving en overleving. Deze fanatieke jongleur volgt een gesloten, in zichzelf gekeerde, eigen logica, die elke toeschouwer buitensluit. Het zal duidelijk zijn dat dit alles, ondanks het 'idiote' ervan, niet direct met Jeroen Eisinga, diens kleine filmische oeuvre of diens tentoonstelling **De Idioot** te maken heeft. De jongleur is misschien idioot, Eisinga speelt 'De Idioot'. In zijn film **De Idioot** spreekt een koning, die ter boetedoening een hemelse opdracht heeft gekregen, voor een maïsveld gedragen en theatraal een lamentatie uit. **De Idioot** refereert aan de gelijknamige roman van de Russische negentiende eeuwse realist Fjodor Dostojewski. Dostojewski verhaalt daarin over de schijnbaar naïeve figuur Prins Ljew Nikolajewitsj Mysjkin, die voor gek versleten wordt, maar omgeven wordt door nog veel grotere, werkelijke 'gekken' en door allerlei potsierlijke personages. Wil de echte idioot opstaan?

Er bevindt zich een gapend gat tussen de intenties van de jongleur en die van Eisinga, en natuurlijk ook tussen de vormen waarin zij zich presenteren. Eisinga richt zich als kunstenaar willens en wetens tot een specifiek publiek, waar hij een betekenisvolle relatie mee wil aangaan. Zijn films geven op gesublimeerde wijze uitdrukking aan zijn ideeëngoed: hij gebruikt daarbij heel bewust het medium film, waarbij hij speelt met stijlen, genres, 'formats' en codes, en het model van de voorstelling/ performance om te communiceren en zich kenbaar te maken. De jongleur daarentegen lijkt zelf geheel en al bediend te worden door de vorm, door de variété-act die als effect heeft dat het lijkt alsof hij een theatrale voorstelling geeft en een publiek wil aanspreken. Je kunt gefascineerd naar hem blijven kijken, maar het zal je niet meer opleveren dan een doofstom, tragikomisch beeld.

Toch maken juist de discrepanties tussen de kunst van Eisinga en de dwangmatige act van de jongleur misschien iets duidelijk over identiteit, authenticiteit, kunst, werkelijkheid en publiek. De identiteitsverwarring die bij de jongleur speelt, doet zich in zekere zin ook voor in het werk van Eisinga. In bijvoorbeeld de film **De Idioot** ligt het voor de hand om kunstenaar Jeroen Eisinga te identificeren met de idioot. Maar misschien is het minder simpel: Jeroen Eisinga, de kunstenaar Jeroen Eisinga, speelt 'De Idioot', speelt de kunstenaar Jeroen Eisinga die 'De Idioot' speelt, geregisseerd door kunstenaar/filmer Jeroen Eisinga. Zes identiteiten maar liefst zijn opeens betrokken bij 'De Idioot', en daar komt die van de beschouwer dan nog eens bij. Vallen deze identiteiten naadloos met elkaar samen, zijn ze inwisselbaar? Wie is nu wie? Wie speelt wie? En is er één beslissend voor de betekenis van het werk, of ontstaat die door een onderling spel van aantrekken en afstoten, door de schakelingen tussen de verschillende identiteiten?

Samuel Beckett maakte ooit een serie werken waarin hij de essentie van verschillende media wilde uitdrukken. Eén daarvan is **Film**, met Buster Keaton in de hoofdrol, waarin Beckett benadrukte dat het wezen van film bepaald wordt door de dialectische relatie tussen cineast en subject, tussen filmer en acteur. Waar of niet waar, in het geval van een aantal van Eisinga's films zouden de implicaties hiervan duizelingwekkend kunnen zijn, aangezien cineast en acteur in één persoon besloten liggen. Of niet?

De jongleur in Amsterdam heeft tegen wil en dank publiek, dat hem de rol van artiest toekent, al is het maar voor even. Als publiek ontdek je immers al snel dat de situatie niet klopt en ga je je ongemakkelijk voelen. Blijf je desondanks staan, dan wordt je voyeur. Niet dat dat de jongleur wat uitmaakt... In

Eisinga's films treden ongerijmde figuren op die vol overtuiging volharden in schijnbaar tot niets leidende, onzinnige situaties. Nadrukkelijk is het publiek daarbij aanwezig, ofwel doordat het direct aangesproken wordt, zoals in **Het belangrijkste moment van mijn leven**, ofwel doordat het juist schittert door afwezigheid. In **De Idioot** heeft het publiek zelfs de absurde gedaante van een maïsveld, dat op plechtige wijze wordt toegesproken door een verdwaalde 'koning'.

De verhouding tussen kunst en publiek lijkt in deze werken danig verstoord, of tenminste geen vanzelfsprekend probleemloos gegeven te zijn. Wellicht om te ontsnappen aan een onverschilligheid of discommunicatie tussen kunst en publiek geeft Eisinga voorstellingen van voorstellingen, voert hij voorstellingen op, waarmee hij het publiek listig de film binnensmokkelt. In **Het belangrijkste moment van mijn leven** spreekt 'kunstenaar Jeroen Eisinga' een publiek aan dat een rol speelt in de film, al zie je het niet. Deze subtiele verdubbeling van de representatie leidt ertoe dat 'het publiek', zichtbaar of onzichtbaar, deel uitmaakt van de voorstelling, zodat je als beschouwer publiek van een publiek wordt en het werk eindeloos van binnen naar buiten kan schuiven, van realiteit kan wisselen. Voor de jongleur speelt het publiek geen rol, omdat hij geen show geeft – al blijft het een psychologische vraag waarom hij zijn manie in de publieke ruimte botviert. Eisinga is het publiek voor, maar zaait tegelijkertijd verwarring over de identiteit van dat publiek. Door deze onzekerheid, door deze onduidelijkheid over echt en onecht, wordt het getoonde, de film, de voorstelling, steeds meer een geheel eigen, vreemde realiteit. Als bij de jongleur, maar dan toch anders.

En dan zijn we weer terug bij het begin, bij het 'koninkrijk van het hiaat', bij alles wat hier niet gezegd is. En bij de in de toekomst liggende essentie van de beelden, die zich immers steeds opnieuw 'waar' moet maken. Hiaten? Waartussen? Tussen realiteiten, identiteiten en media, tussen film en publiek, film en werkelijkheid, kunstenaar en film, kunstenaar en publiek; tussen kunst en film; tussen taal en beeld, tussen de beelden onderling... In die niet-zichtbare, niet-tastbare leemtes, voorbij de buitenkant van de beelden, sluimert het wezen van het werk van Jeroen Eisinga, dat zich hardnekkig aan de taal blijft onttrekken, maar door de films toch aanwezigheid kon krijgen. Als moment van inzicht nestelt het zich in je ervaring, een blinde vlek misschien, maar toch een beeld, van een innerlijke conditie, een inwendig beeld.

noten

1 F.M. Dostojewski, *De Idioot*, Amsterdam, 1978, p. 479

2 Geciteerd door Yukio Mishima in diens *Bekentenissen van een gemaskerde*, Amsterdam, 1985

3 Georges Bataille, *De tranen van Eros*, Nijmegen, 1986, p. 24

4 Luis Buñuel, *Mijn laatste snik*, Amsterdam, 1983, p. 272

Films

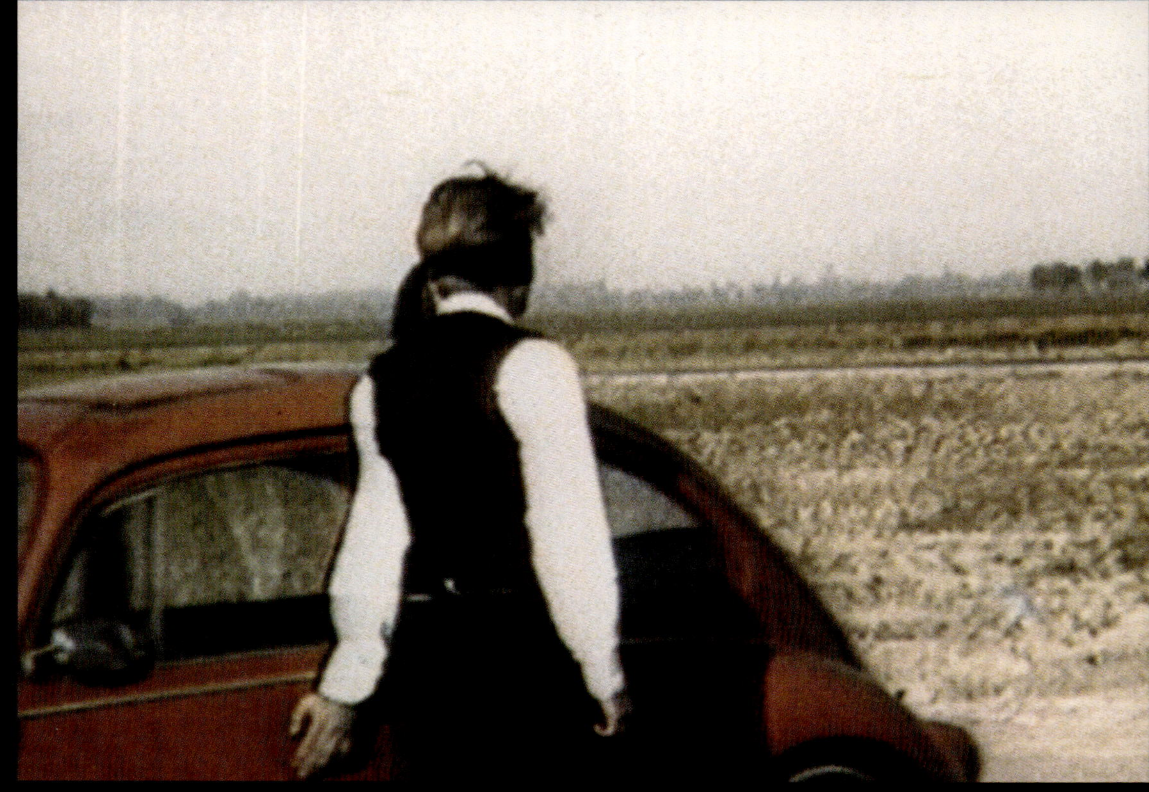

Op een B-weggetje buiten de stad, in de buurt van een elektriciteitsmast, cirkelt een onbestuurde Volkswagen Kever rond, oranjerood van kleur. Binnen hetzelfde circuit beweegt zich een geblinddoekte man in tegengestelde richting van de auto. Af en toe schampt hij langs het mechanisch rondrijdende voertuig, zonder dat het tot een echte aanrijding of botsing komt. In de verte is soms een zwarte, geparkeerde auto zichtbaar.

1993, U-matic low band overgezet op 16 mm, kleur, geluid, 3 min.

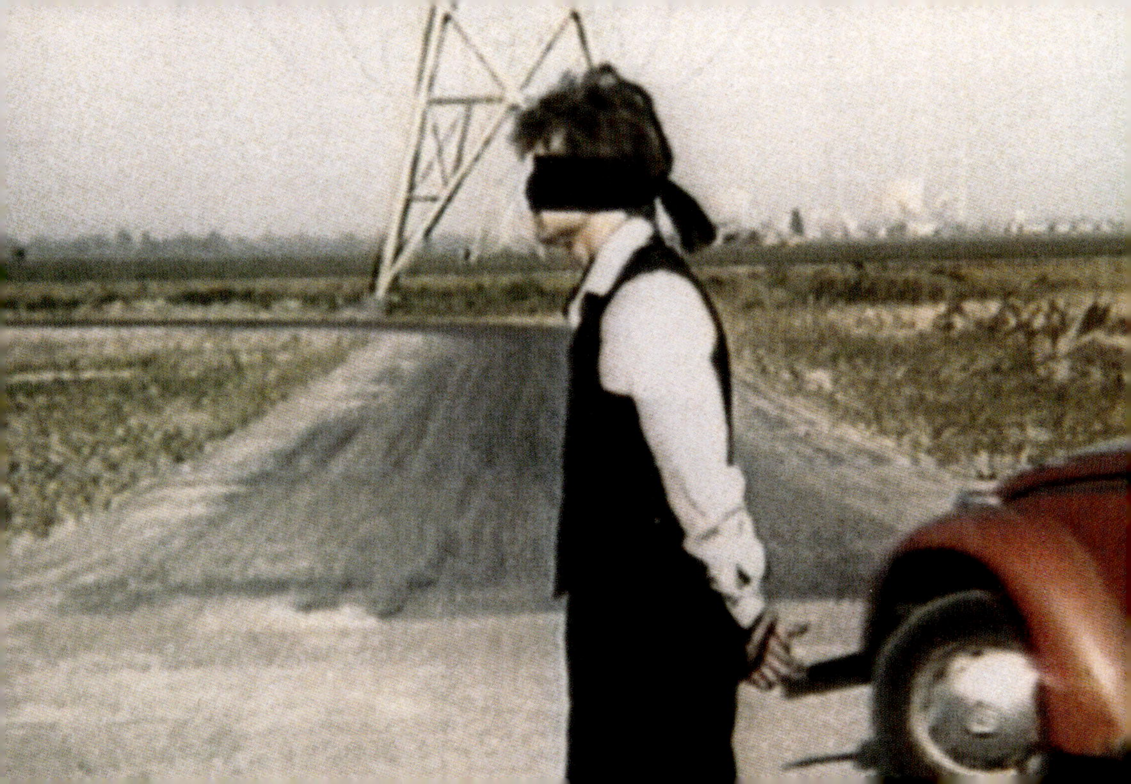

Kano (rood)

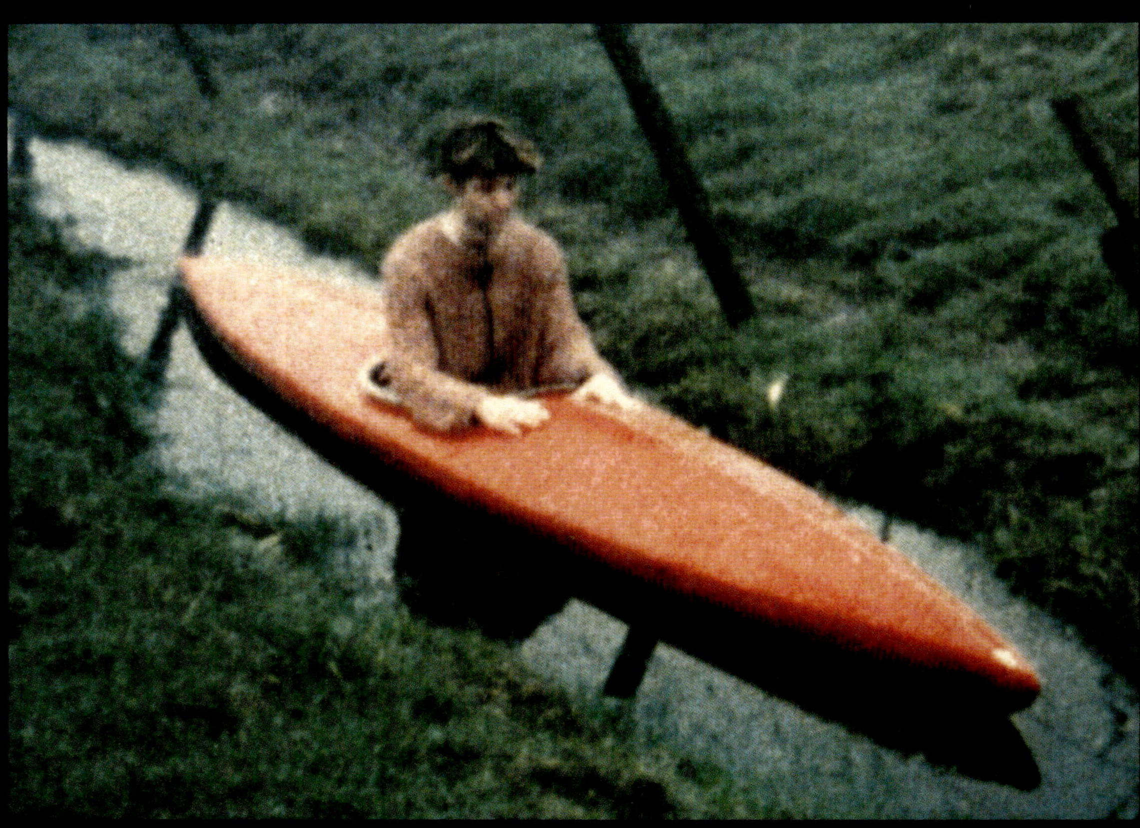

In een greppel in een Hollands weiland zit een jongeman in een rode kano. Hij heeft geen peddel en de kano komt dan ook niet in beweging – door de smalheid van de greppel zou dat waarschijnlijk überhaupt onmogelijk zijn. De blik van de jongeman, gespeeld door Jeroen Eisinga, is afwachtend, stuurloos en zonder tekenen van protest, gelaten bijna. Af en toe kijkt hij over zijn schouder terloops achterom, of brengt hij de kano met zijn handen in een licht wiebelende beweging. Gefilmd vanuit een vast camerastandpunt en zonder montage.

1993, Super 8 film overgezet op 16 mm, kleur, geen geluid, 4 min.

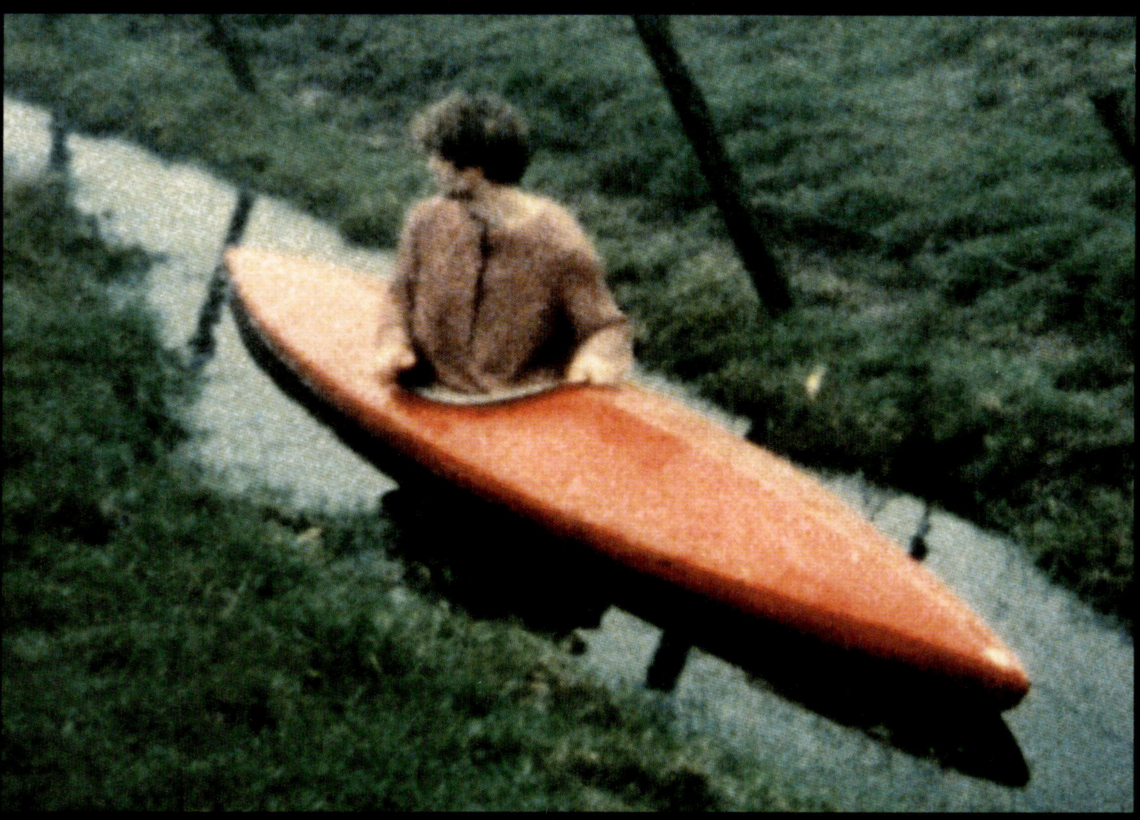

In a ditch in a Dutch meadow a young man is seated in a red canoe. He hasn't got a paddle and the canoe isn't moving – the ditch is very narrow so it would be impossible to move it anyway. The young man, acted by Jeroen Eisinga, has an expectant look, unfocussed and unprotesting, almost resigned. Now and again he glances casually over his shoulder, or using his hands he makes the canoe wobble about slightly. Filmed from a fixed point and without montage.

1993, Super 8 film transferred onto 16 mm, colour, no sound, 4 min.

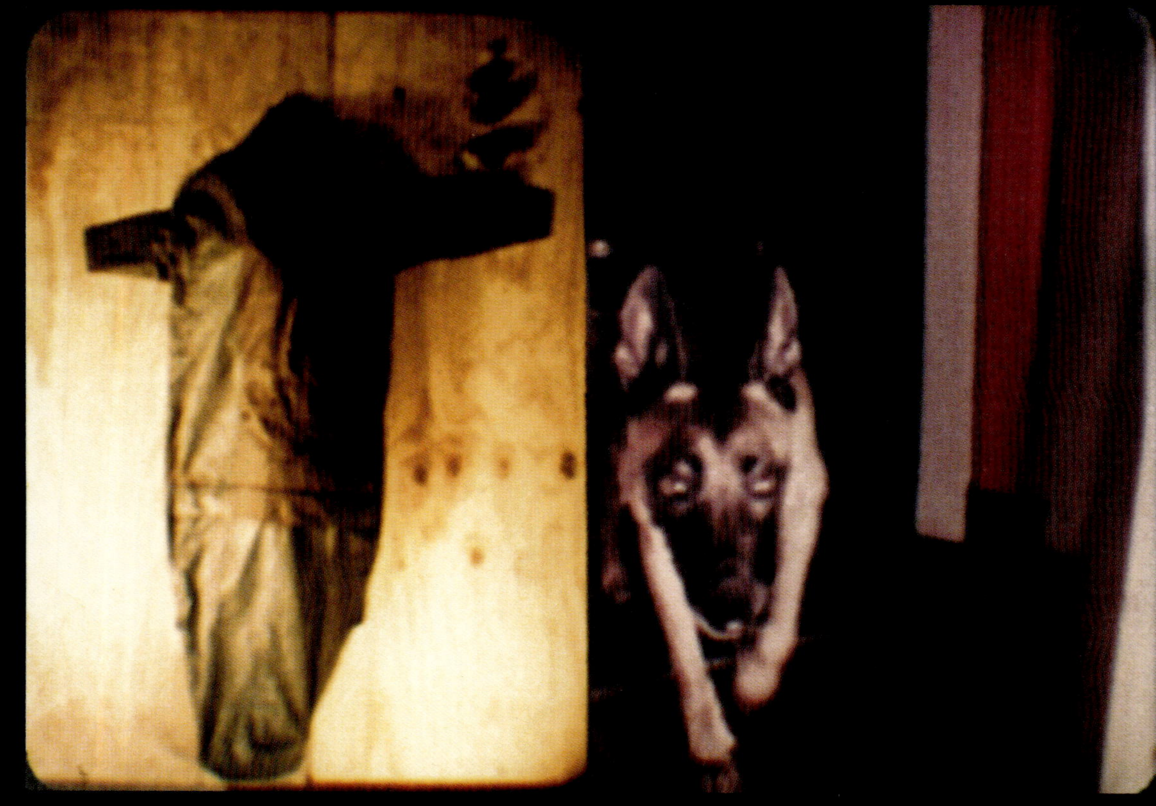

Een verticaal in tweeën verdeeld beeld. Links ligt iemand in een coconachtige slaapzak op de grond, van bovenaf gefilmd. Bij diens hoofd ligt een rij steentjes. Rechts speelt zich een tafereel af in een donkere gang en een deuropening. Een in een zwart regenjack geklede man verwijdert de scharnieren van een deur. Uit de duistere ruimte achter de deur verschijnt een hond. De man zeult rond met de losse deur en schermt zich ermee af. Vervolgens laat de man witte kippen uit zijn jas ontsnappen. Aan het eind van de film loopt de hond de gang door, het beeld uit. Hierbij maakt de slaper in het linker beeld een aantal grillige bewegingen, draait zich om en slaapt verder.

1993, twee verticale Super 8 films overgezet op 16 mm, kleur, geluid, 7 min.

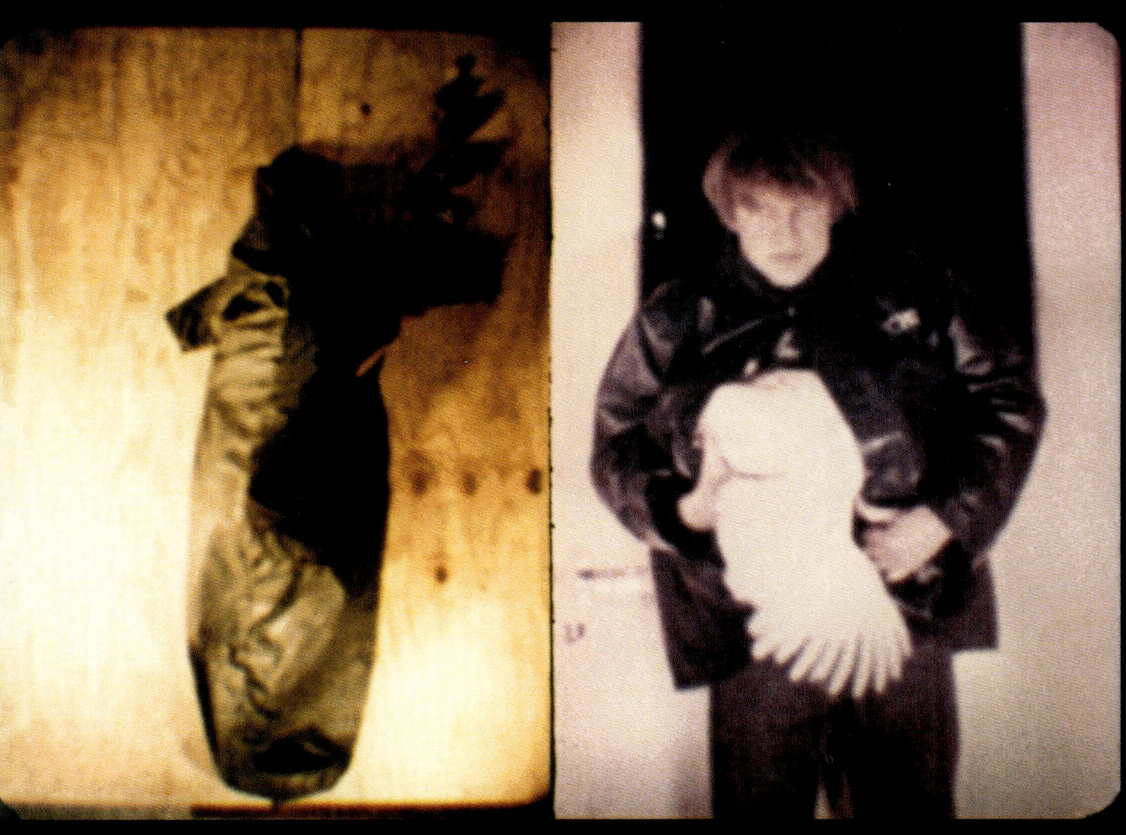

The picture is split vertically on the screen. At the left a figure lies on the ground in a cocoon-like sleeping-bag, seen from above. By his head lies a line of pebbles. On the right a scene takes place in a doorway and a dim-lit hall. A man wearing a black raincoat removes the door hinges. A dog appears out of the dim space behind the door. The man lugs the door (now removed from the frame) around, shielding himself with it. Then the man lets some white chickens escape from inside his coat. Finally the dog walks along the corridor and out of the picture. While this takes place the sleeping figure at the left side of the picture makes some erratic movements, turns over and goes on sleeping.
1993, two vertical Super 8 films transferred onto 16 mm, colour, sound, 7 min.

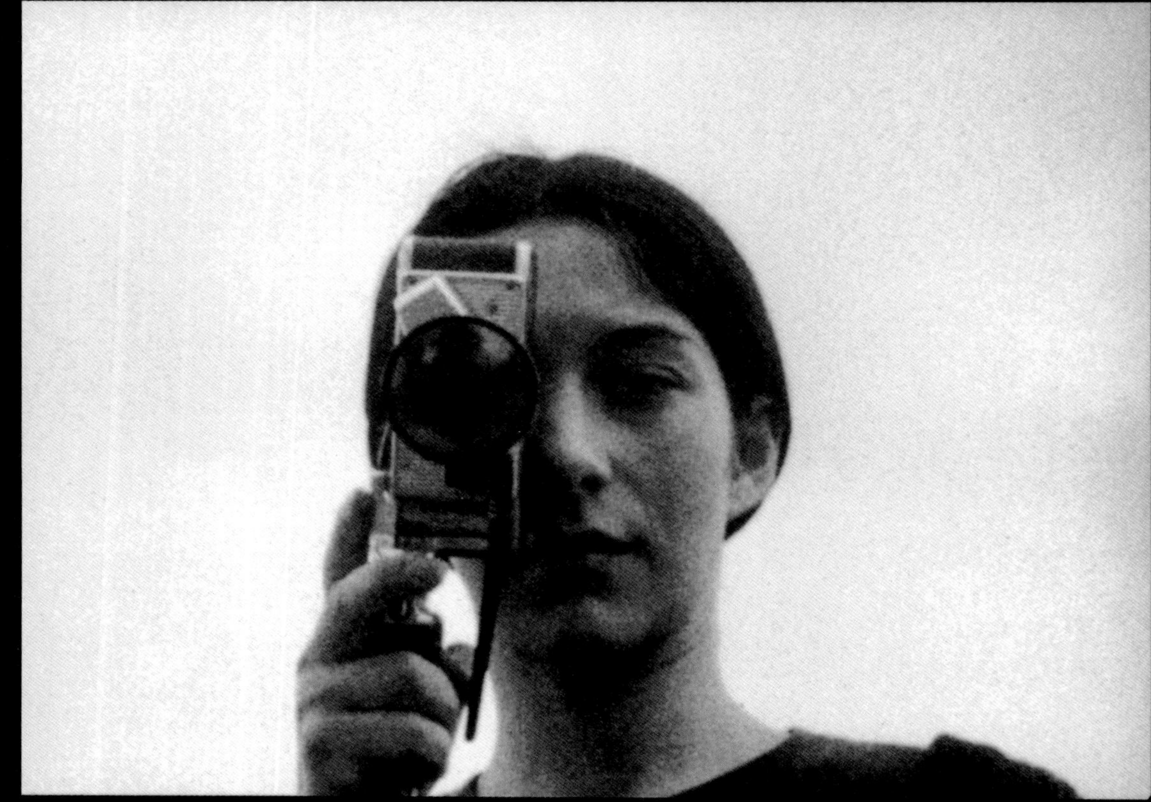

Geblaf van een hond. Opnames van een industrieel aandoend terrein omgeven door een traliehek. Een jonge vrouw windt een ouderwetse camera op. Het geluid daarvan is nadrukkelijk hoorbaar. Ze richt de camera op een opgewonden, vervaarlijk blaffende waakhond, het schuim staat hem op de bek, achter het traliehek. Het geluid van het blaffen valt weg. Alleen het mechanisme van de op de hond gerichte camera is nog hoorbaar. Opeens druipt de hond af, om op veilige afstand van de filmster onhoorbaar verder te blaffen.

1994, Super 8 film overgezet op 16 mm, zwart/wit, geluid, 3 min.

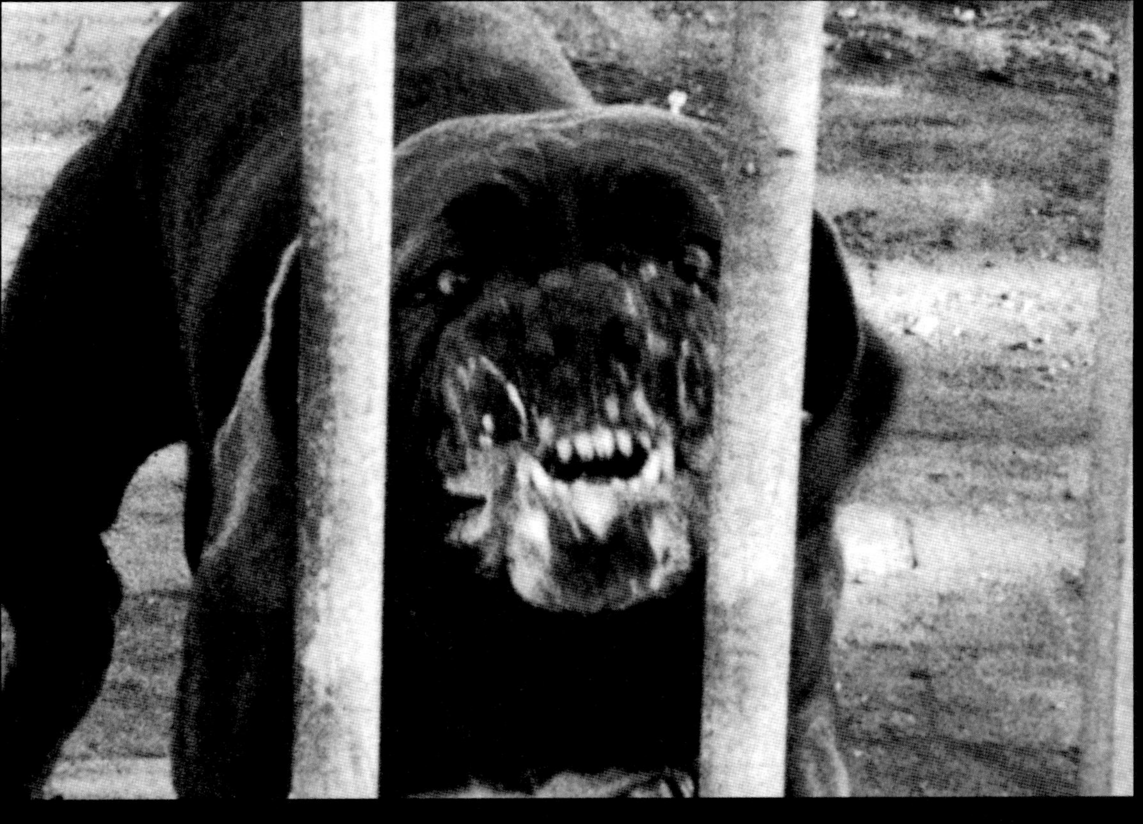

A dog barking. Shots showing what looks like an industrial terrain surrounded by fences. A young woman winding up an old-fashioned camera. The sound of this is very clear. She points the camera at an excited dog that is barking fiercely, behind the railings. White froth foams from the dog's jaws. The sound of the barking fades away. All that can be heard is the mechanical winding of the camera directed at the dog. All of a sudden the dog slinks off, to start barking again at a safe distance from the camera woman – but this time the sound of it cannot be heard.

1994, Super 8 film transferred onto 16 mm, black and white, sound, 3 min.

Het belangrijkste moment van mijn leven

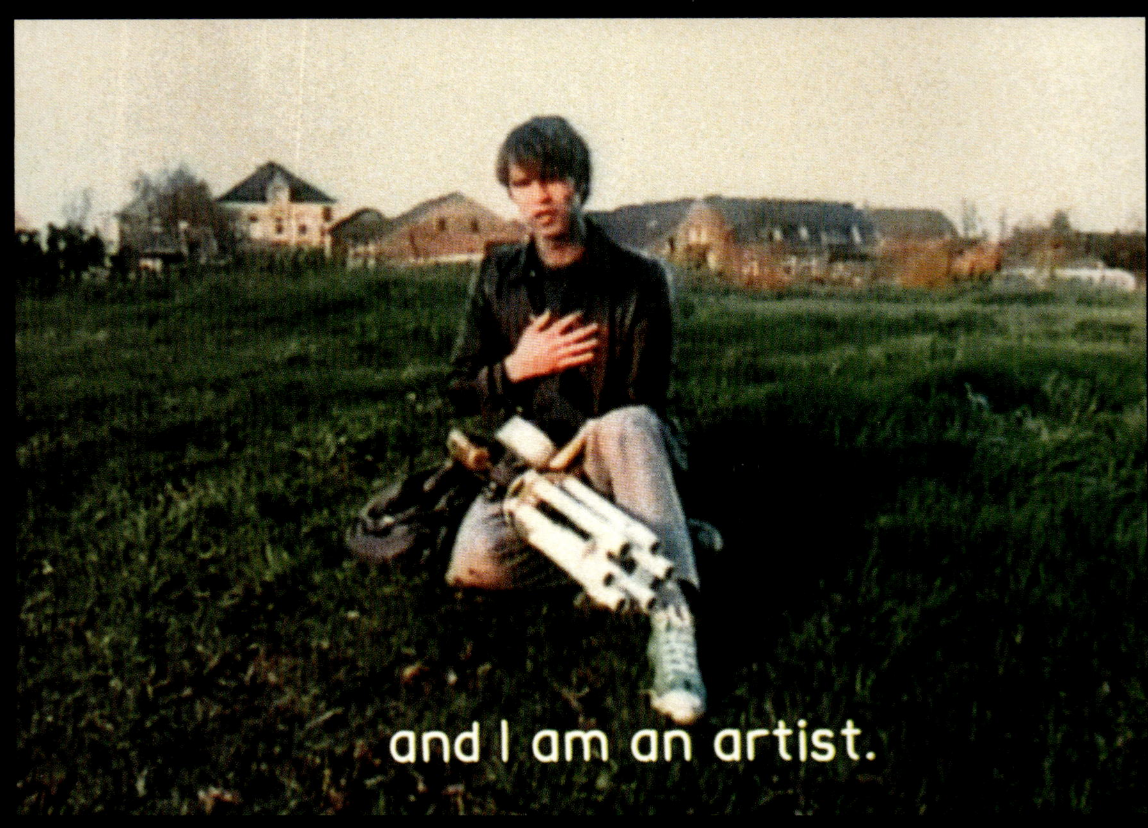

Het introductiebeeld toont een archaïsch aandoende, landelijke omgeving. Er klinkt Russische, folkloristische muziek. Gezeten in een weiland stelt zich een man voor als de kunstenaar Jeroen Eisinga. Hij spreekt in het Servo-Kroatisch (Engels ondertiteld). Demonstratief toont hij aan een onzichtbaar publiek een vreemd apparaat, dat iets weg heeft van een machine-geweer. Het is een zelfgemaakte camera. De kunstenaar steekt een film in de camera en gebiedt het publiek hem te volgen: hij zal dadelijk het belangrijkste moment van zijn leven gaan filmen, zo kondigt hij aan. Hij waadt door een sloot. Aangekomen op een landweggetje filmt hij met zijn zelfgebouwde toestel de omgeving. Plotseling houdt hij op en kijkt ont-luisterd in de camera. Hij verontschuldigt zich. Einde.

1995, Super VHS overgezet op 16 mm, kleur, geluid, 5 min.

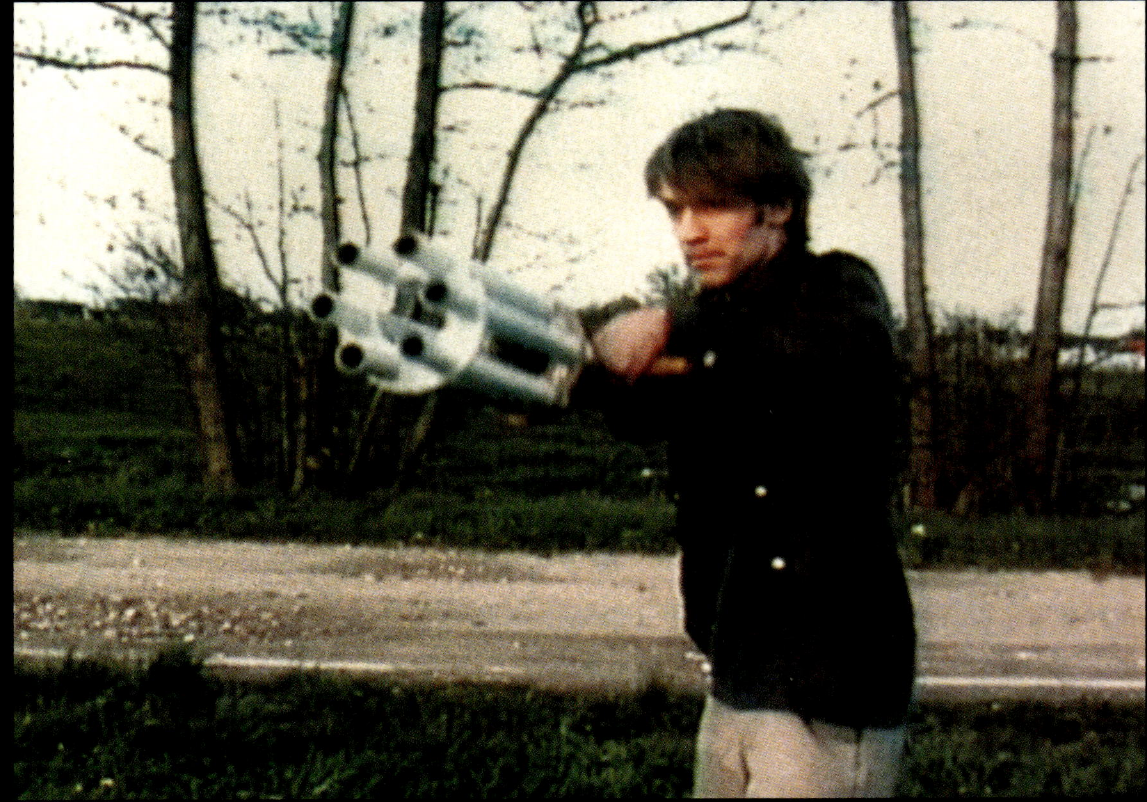

The opening shot reveals an archaic-seeming country setting. Russian folkloric music can be heard. A man seated in a meadow introduces himself as the artist Jeroen Eisinga. He speaks Servo-Croat (with English subtitles). Demonstratively, he
presents to an unseen audience a curious home-made device that somewhat resembles a machine gun. He announces that
it's a home-made camera. The artist puts a film inside the camera and commands the audience to follow him. He tells them
he is about to film the most important moment of his life. Then he wades through a ditch. Having reached a small country
road he tries to shoot the scene using the home-made camera. He suddenly stops and looks mortified into the camera. He
apologizes. The end.

1995, Super VHS transferred onto 16 mm, colour, sound, 5 min.

Grauzone

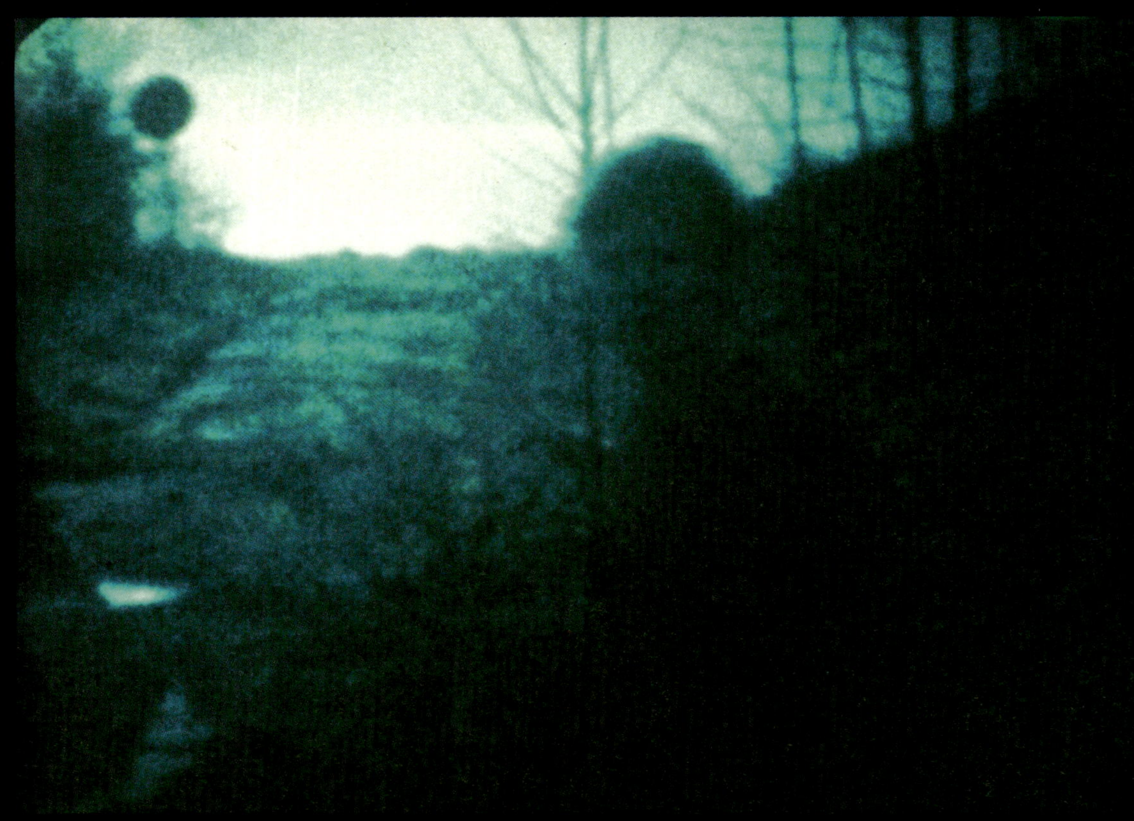

Pulserend groen licht. Op een ondefinieerbare, lege, donkere vlakte ergens buiten wordt de horizon gemarkeerd door een rond verkeersbord, als bij een verlaten grensovergang. In deze duistere atmosfeer doemt een man op. Hij wandelt de ruimte in, passeert het bord en verdwijnt in de verte uit beeld. Hetzelfde herhaalt zich een aantal keren in een 'loop' binnen de film.

1995, Super 8 film overgezet op 16 mm, kleur, zonder geluid, 8 min.

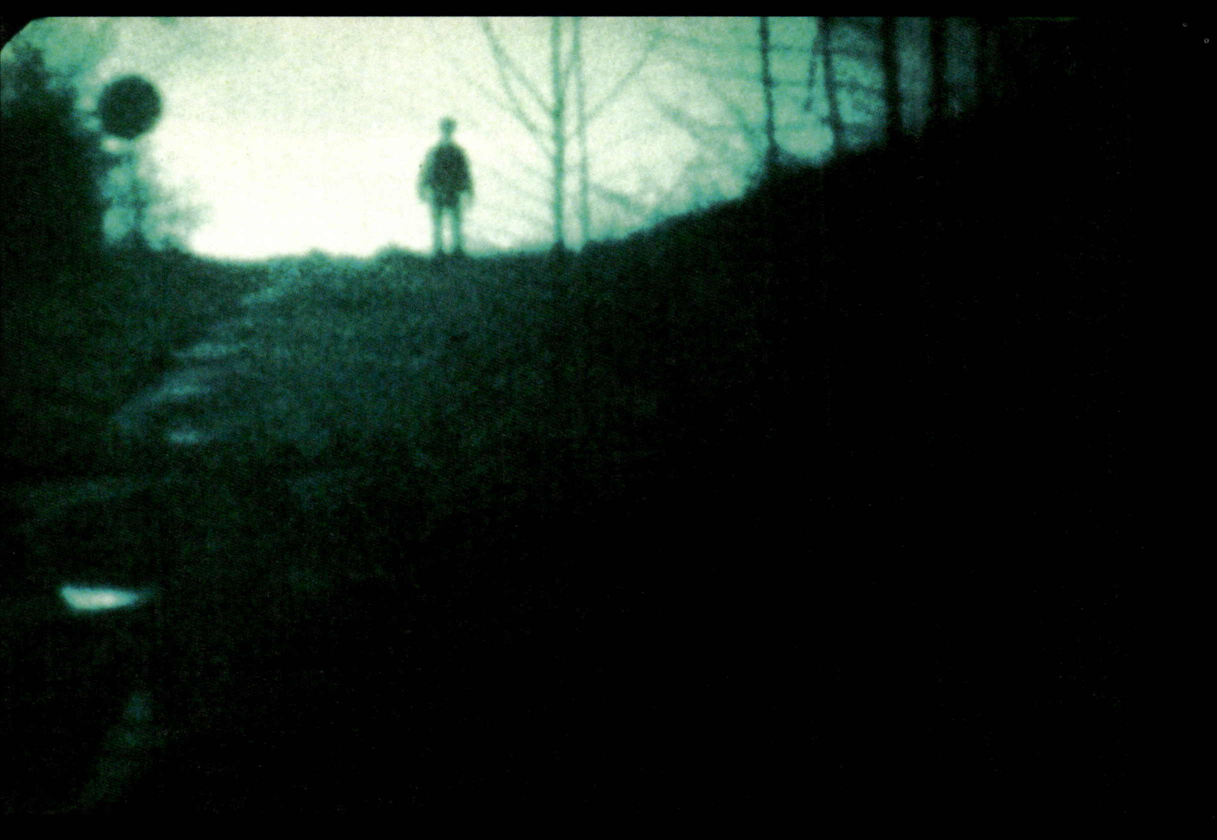

Pulsating green light. An undefined, empty, dim space somewhere outdoors with the horizon marked by a round traffic sign, like a deserted national borderline. In this shadowy place the figure of a man looms up. He walks into the space, passes the traffic sign and disappears in the distance out of the picture. This is repeated several times – the film has an inbuilt 'loop'.
1995, Super 8 film transferred onto 16 mm, colour, no sound, 8 min.

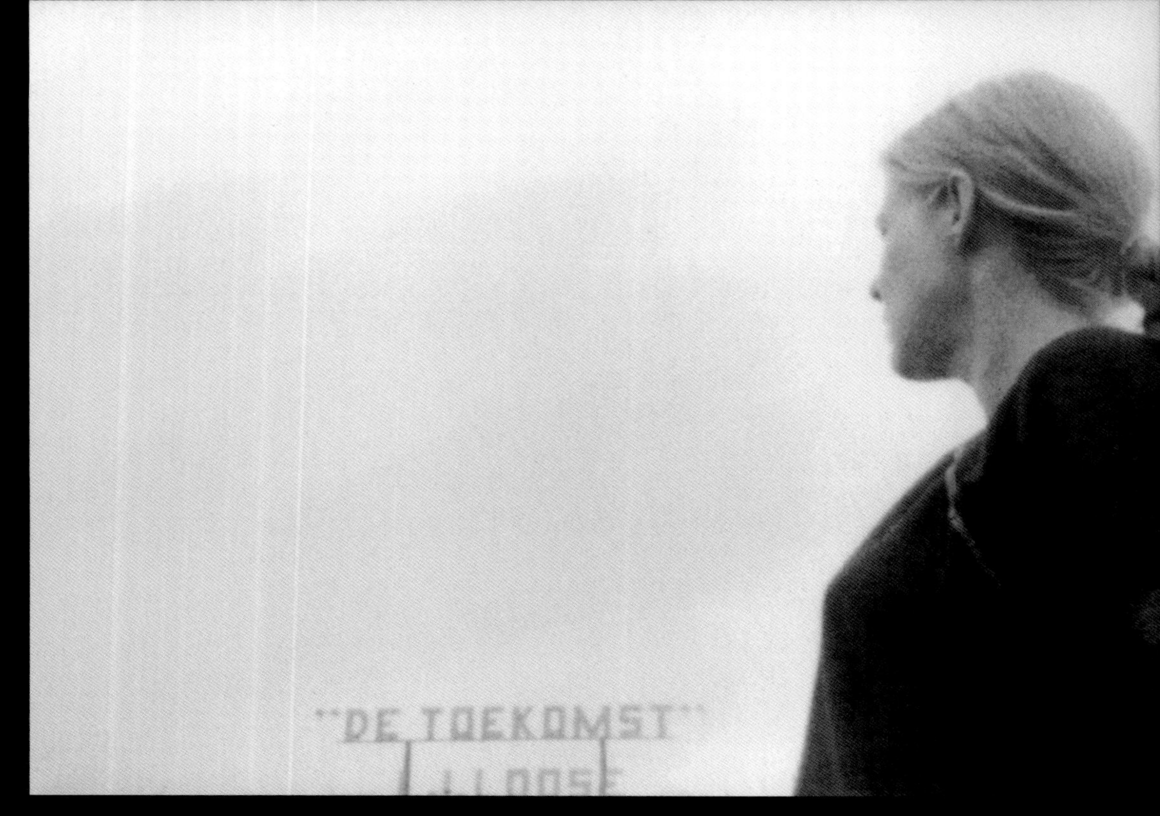

Een schijnbaar dove man en vrouw lopen druk gesticulerend langs een traliehek. Er klinkt een ratelend geluid. Achter het tweetal loopt een jonge vrouw die blind voor zich uit staart. In haar hand heeft ze een houten stok die ze langs de spijlen van het hek trekt. Er gaat dreiging van haar uit. Plotseling verschijnt er van achter een boom een jong meisje dat het tafereel in ogenschouw neemt. Ze lijkt opvallend veel op de blinde vrouw, die in een volgend shot voor een reusachtige ventilator staat. Er volgt een soort 'flashback' waarin een stellage met daarop in grote letters 'de toekomst' zich over de inmiddels duidelijk zwangere vrouw heen beweegt. Er klinkt opbeurende marsmuziek, waarbij de vrouw een heldhaftige pose aanneemt. Vervolgens speelt zich een confrontatie af tussen de blinde vrouw en het dove stel. Woordeloos en dadeloos staren ze elkaar aan: de vrouw gooit de stok voor het stel op de grond. Het kleine meisje verschijnt weer en loopt nu ook langs het hek. Ze vindt de stok, grist hem weg en maakt zich uit de voeten.

1996, 16 mm, zwart/wit, geluid, 5 min.

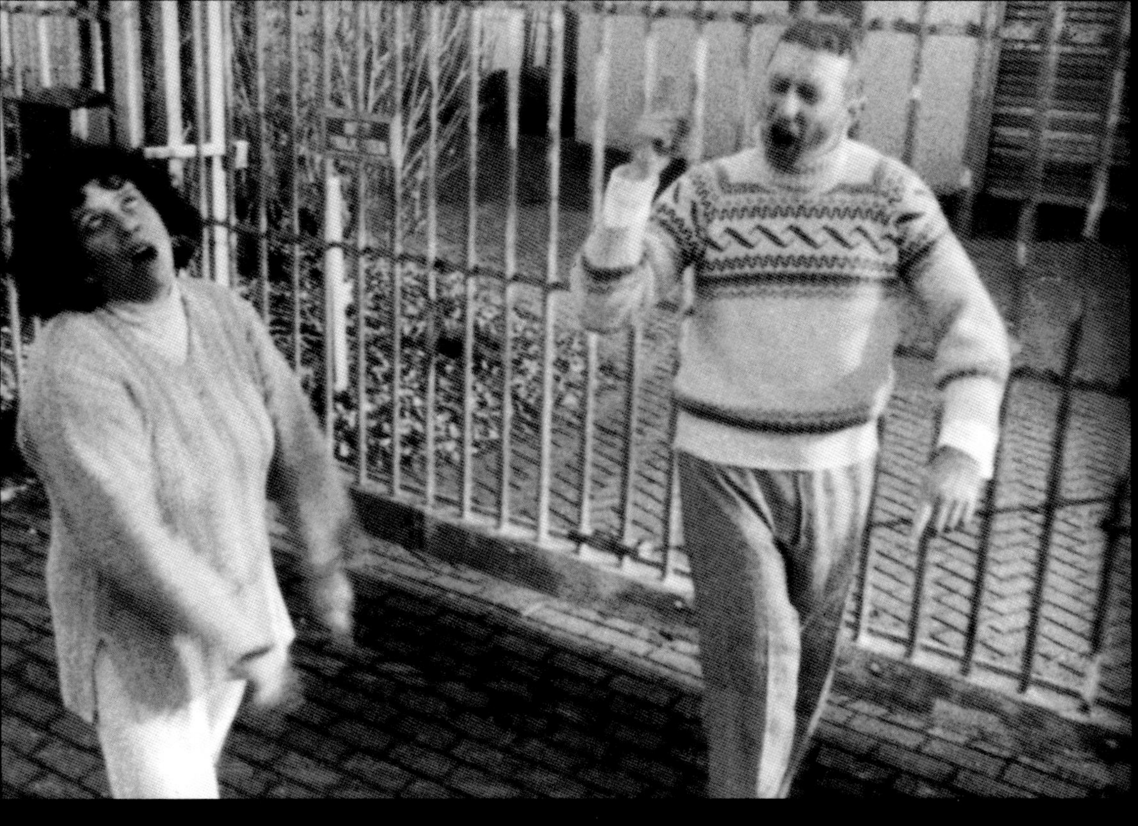

An apparently deaf man and woman walk along a fence with railings, busily communicating in sign language. A rattling noise sounds. Behind the couple a young woman, staring blankly ahead of herself, drags a wooden stick along the fence railings. She is a threatening figure. Suddenly from behind a tree a young girl, looking remarkably like the blind woman, appears and surveys the scene. For a moment the woman stands in front of a huge ventilator and an apparent flashback appears. A sort of rig, on which the words 'the future' are written in huge letters, arches above the now distinctly pregnant woman. To the cheerful sound of a military march the woman adopts a heroic pose. A confrontation between the blind woman and the deaf couple follows: staring at each other they neither move nor speak. Then the woman throws the stick on the ground in front of them. The young girl now appears walking beside the railings in her turn, finds the stick, grabs it and quickly dashes away.

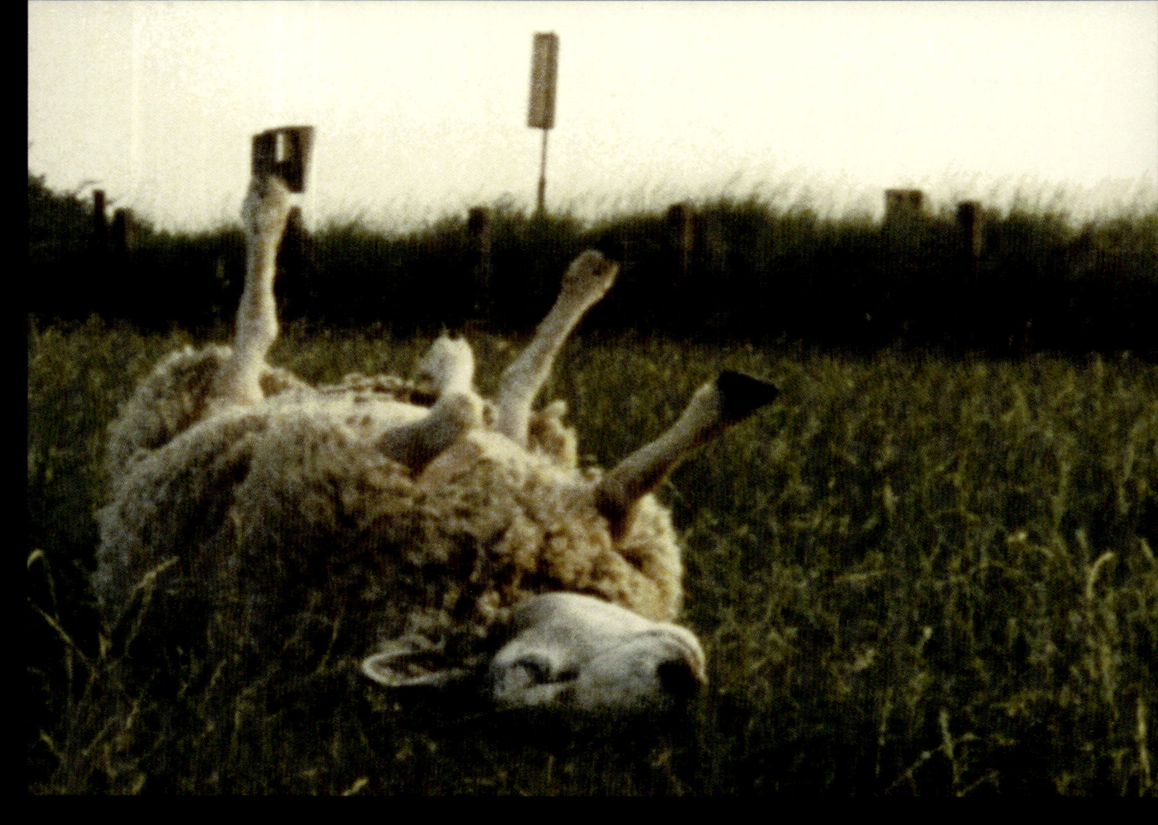

Vanuit een lage hoek en schuin van onderen gefilmd ligt een schaap op haar rug in een weiland. Haar poten steken hulpe-loos omhoog. Duidelijk en versterkt hoorbaar is het angstige gehijg van het naar adem snakkende schaap. In de verte klinkt de roep van een kievit. Plotseling dendert er op de achtergrond een trein voorbij. Het schaap blijft in haar benarde positie nog even in beeld. Einde.

1997, 16 mm, kleur, geluid, 5 min.

Poor Sheep

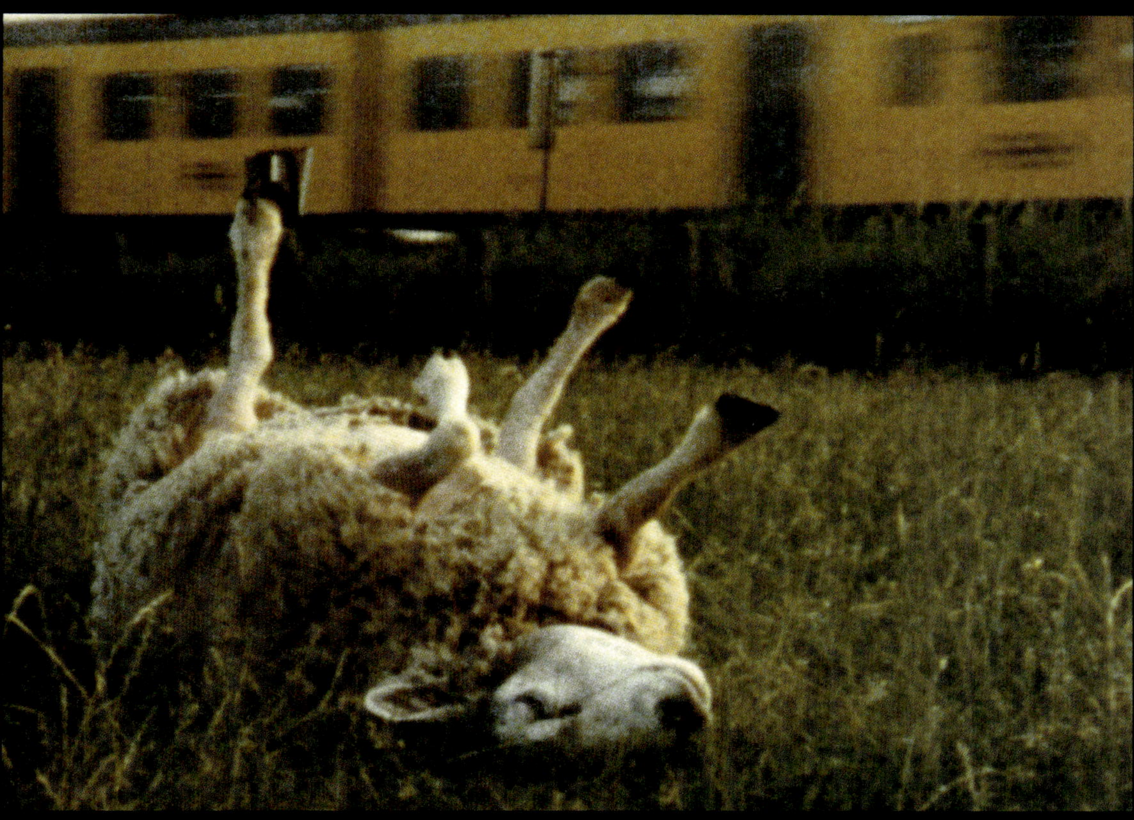

Filmed from below at a low angle a sheep lies on its back in a field. Its legs stick up into the air helplessly. We hear distinctly the amplified sound of the animal's desperate breathing. In the distance a lapwing calls. Suddenly the ground trembles as a train passes by in the background. The sheep remains within sight, its pathetic position unchanged. The end.

1997, 16 mm, colour, sound, 5 min.

Zoals het werd geopenbaard aan Jeroen Eisinga

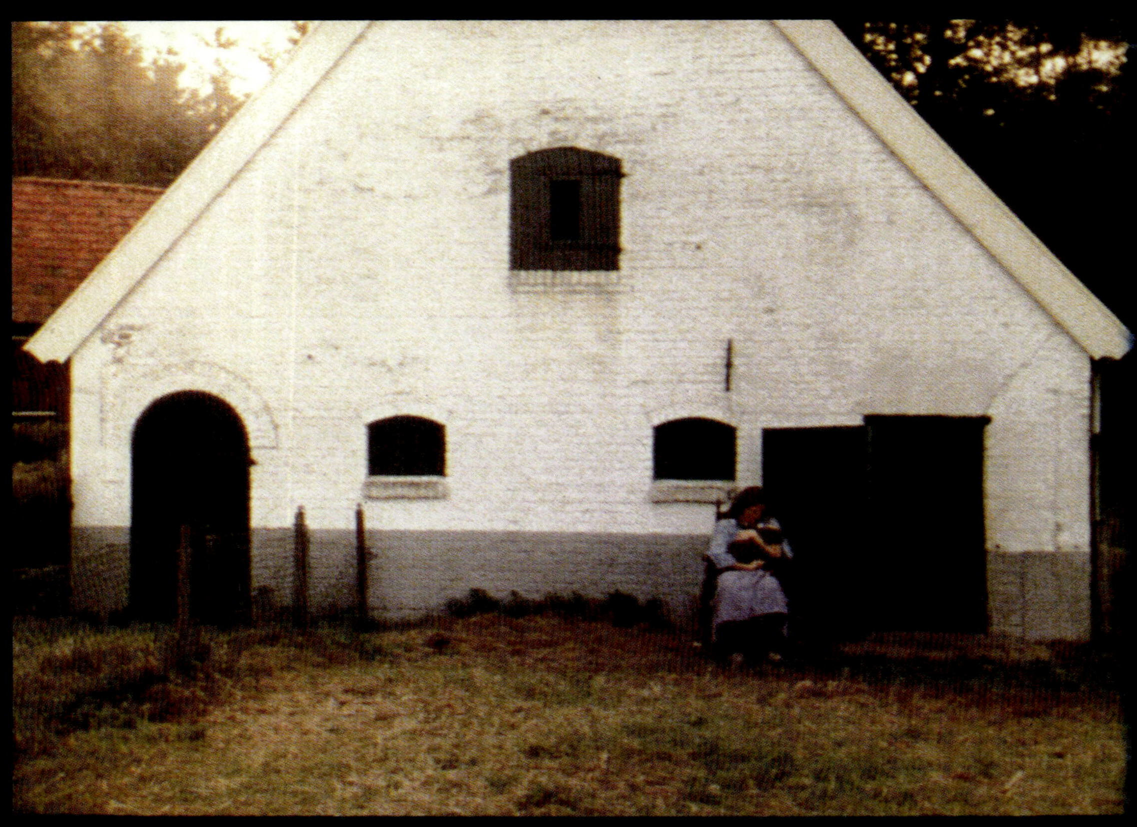

Een schilderachtig beeld van een landweggetje maakt plaats voor een idyllisch tafereel van een witte boerderij, waarvoor een struise vrouw in Hollandse klederdracht zit met een mollige, naakte baby in haar armen. Zij geeft de baby uitgebreid de borst. Gewijde Russische muziek zet in. Vrouw en baby kijken sereen glimlachend recht in de camera. Zij stijgen op. Ten hemel? Tot zover de openbaring.

1998, 16 mm, kleur, geluid, 7 min.

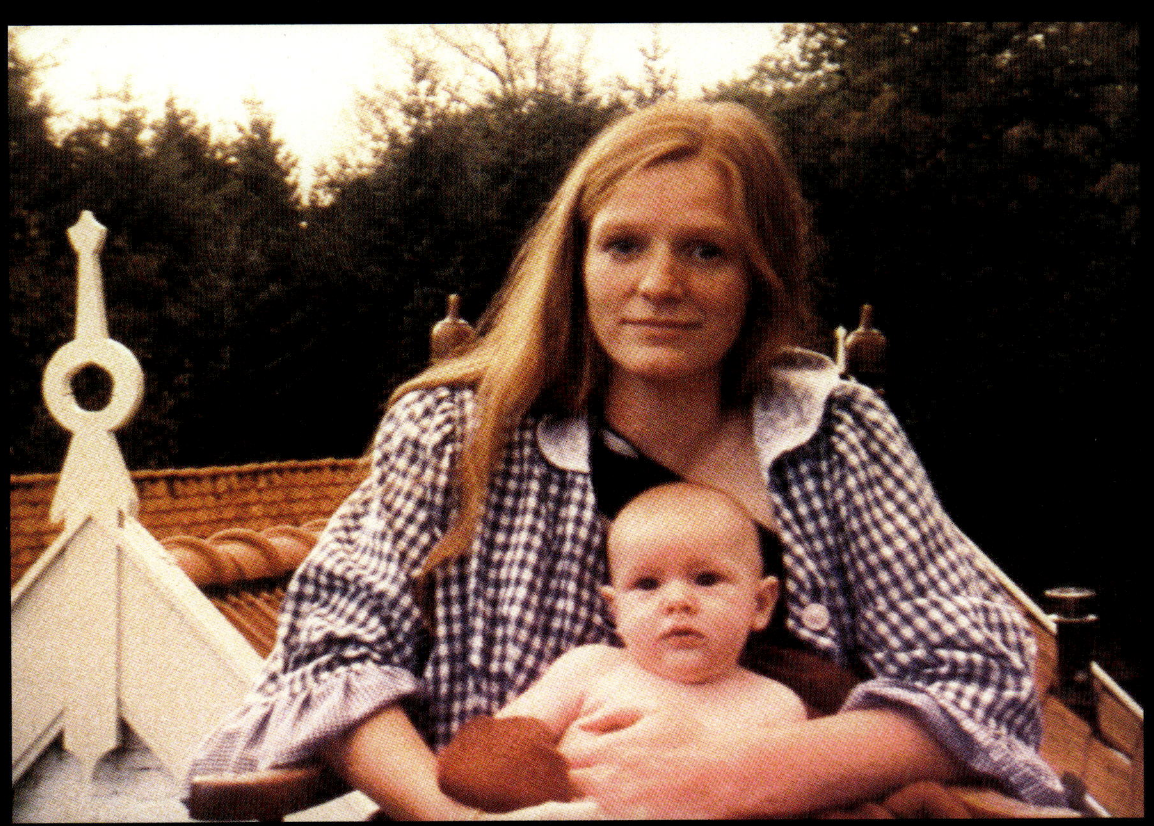

A picturesque view of a country road gives way to an idyllic tableau showing a whitewashed farmhouse, in front of which sits a buxom woman dressed in Dutch folk costume holding a chubby bare baby, whom she is cheerfully suckling. The sound of Russian sacred music. Mother and child gaze serenely smiling, straight at the camera. They ascend on high. Into the heavens? An unfinished revelation.

1998, 16 mm, colour, sound, 7 min.

Die Menschen sind töricht, sie können nicht fliegen

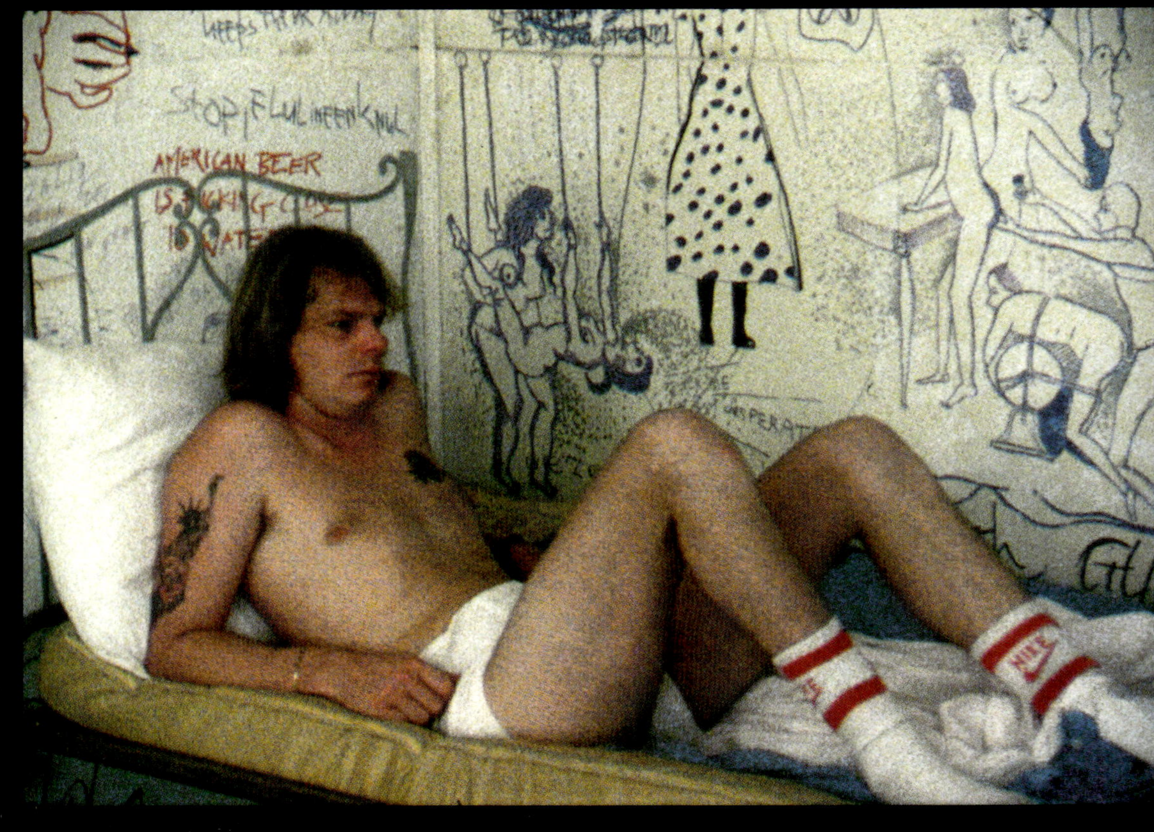

Een jongen met halflang haar en tatoeages op zijn lichaam ligt op een opengewoeld, morsig bed. De muur achter het bed is
bedekt met tekeningen en graffiti, onder andere van vliegende figuurtjes. Er klinkt een 'voice-over', als een 'stream-of-
consciousness'-monoloog, die in het Duits en met een licht tartende intonatie een tekst over vliegen uitspreekt. De jongen
staart voor zich uit, gaat op de rand van zijn bed zitten en oefent kort met een halter zijn armspieren om vervolgens op bed
liggend een shaggy te roken. Van bovenaf gefilmd. Dan staat hij op, loopt naar het raam en slaat met zijn hand een op het
glas zittend insect dood.

1998, 16 mm, kleur, geluid, 5 min.

People are foolish, they don't know how to fly

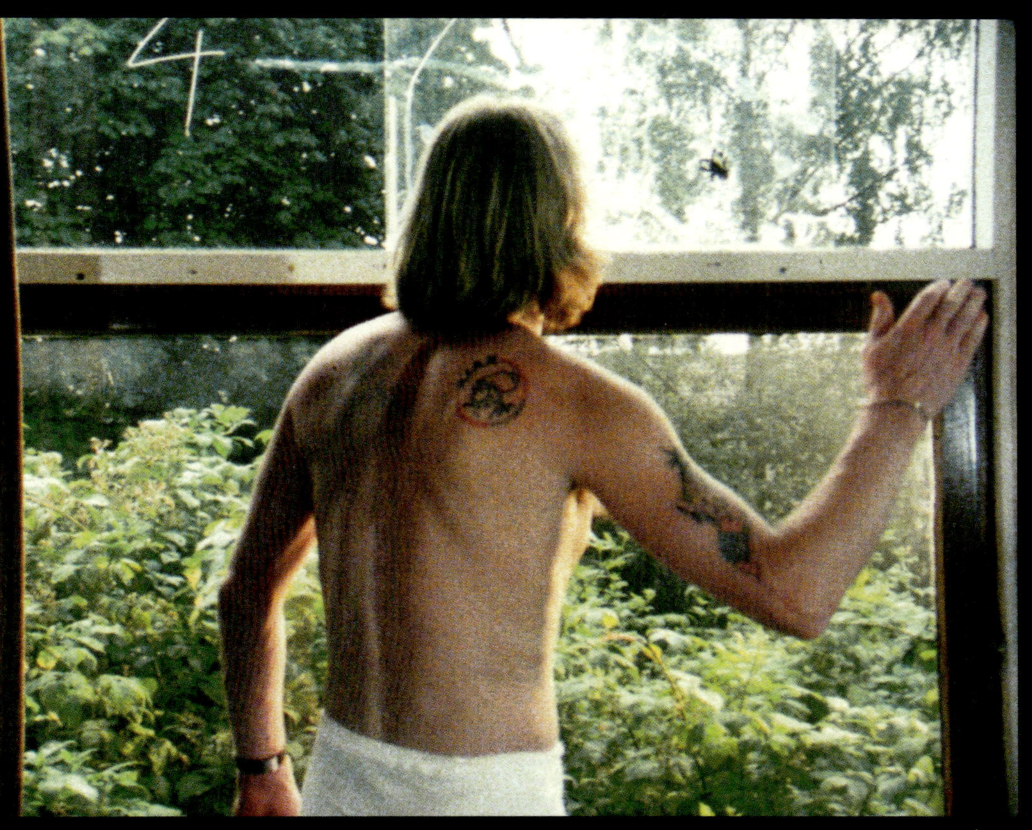

A boy with hair halfway down his back and tattoos on his body lies on an unmade, dishevelled bed. The wall behind the bed is covered with drawings and graffiti which include flying figures. Background sound is a kind of voice-over, a stream-of-consciousness monologue spoken in German with a slightly mocking tone, on the subject of flying. The boy stares straight ahead of him, sits for a minute on the edge of the bed, exercises his biceps with a halter and then, lying on the bed, smokes a rolled cigarette. Filmed from above. Then he stands up, walks to the window, and with his hand squashes an insect against the window pane.

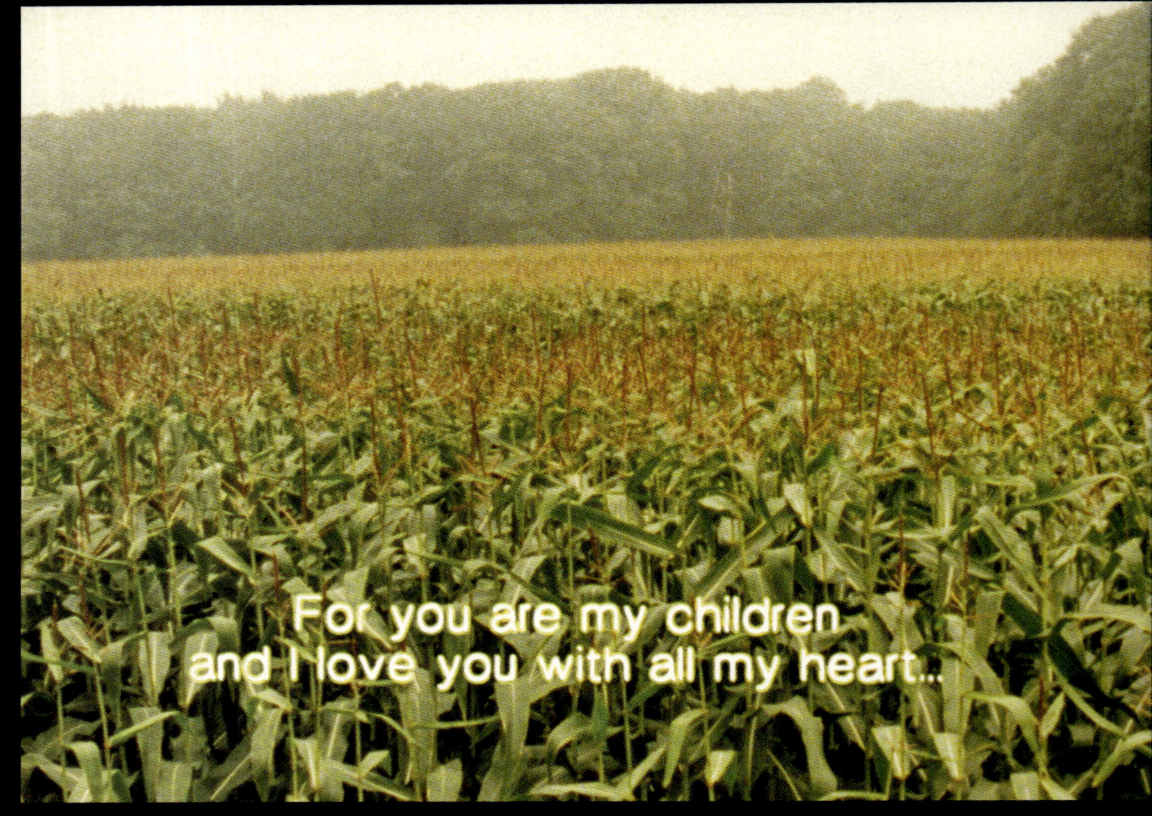

Een jongeman in een paars sportjack, gespeeld door Jeroen Eisinga, met op de rug het embleem van een kroon, komt tevoorschijn uit een maïsveld en wordt opgewacht door een hond. Hij spreekt, staande op een houten bankje, het gewas toe als ware het een menselijk publiek. Temidden van het getjilp van vogels en krekels houdt hij zijn 'lamentatie'. Plechtig spreekt hij zijn liefde uit voor het publiek en beschrijft hij zijn koninkrijk als dat van het hiaat. Hij getuigt van zijn zonde, van de opdracht die engelen hem als boete hebben gegeven om een voettocht (zonder schoeisel) te maken in de richting van de horizon. Bij de einder aangekomen zal hem worden medegedeeld wat de bestemming van zijn reis zal zijn. De koning trekt zijn sportschoenen uit en wandelt een paadje op, richting horizon, voetsporen van bloed achterlatend.

1999, 16 mm, kleur, geluid, 7 min.

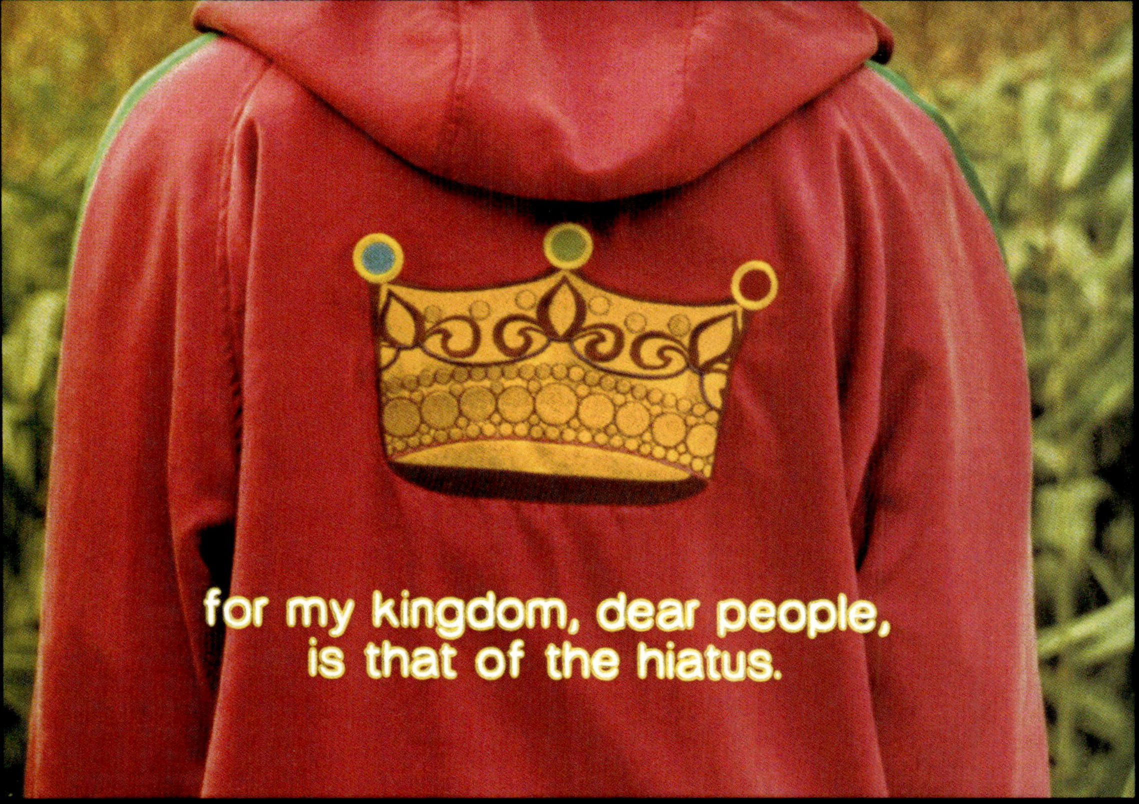

A young man in a purple sports jacket, acted by Jeroen Eisinga, with the emblem of a crown on his back, appears from a corn field and is met by a dog. Standing on a wooden bench, he addresses the corn crop as if it were a crowd of people. In the midst of the chirping of birds and grasshoppers he pours forth his lamentation, spoken in sonorous Old Dutch. He solemnly declares how he loves his people and describes his kingdom as the realm of the disconnected, of the hiatus. He testifies to his sinfulness, and describes the celestial task he has been given as penance, to make a barefoot pilgrimage towards the horizon. Having reached his goal on the horizon he will be told the purpose of his journey and what is his destination. The king removes his trainers and sets off down a path towards the horizon, leaving a trail of bloody footmarks.

1999, 16 mm, colour, sound, 7 min.

The Realm of the Disconnected

by Jorinde Seijdel

"Either he is a visionary or extremely intelligent and possibly capable of making accurate guesses about many things. (But the fact is, when you get down to the essentials, he is undoubtedly an 'idiot'.)"

Dostoevsky, *The Idiot* [1]

Watching a film by Jeroen Eisinga, or after talking to him, words stream through my mind. Here they come, in a jumbled and incomplete list: cows, theatre, breast milk, paddles, accidents, danger, science fiction, Tarkovsky, cameras, audiences, slapsticks, thrillers, trees, video, TV, death, chance, Icarus, Don Quixote, dreams, Buñuel, Georges Bataille, Buster Keaton, jugglers, old French films, Robert Bresson, Russia, Dostoevsky, Germany, observation, dogs, sheep, painting, Giovanni Bellini, performance, Bas Jan Ader, failure, Mishima, stories, locks, doors, Duchamp, poetic madness, performance art, angels, mysticism, ecstasy, beauty, cars, threats, films styles, the right-wrong dichotomy, Pasolini, the future, an eclipse, chubby babies, wool, museums, red, plimpsoles, stones, film credits, film crews, folklore, fiction, reality, language, sound, blood...

I didn't actually see all these items in the films – for instance, no cow puts in an appearance, only a pathetic sheep. And the fact that I thought about cows or plimpsoles, beauty or blood, doesn't mean these were subjects Eisinga dealt with. The unique feature of his oeuvre is that his films are indescribably cinematic, rebutting other media and very difficult to lasso into language. In a derived form we may possibly find some traces in the lacunae between words. In this article I shall try to convey something of Eisinga's 'realm of the disconnected.'

I. Heretical moments

"Beauty! That's why I can't bear it when a young person with a pure heart and lofty aspirations sets off inspired by the Virgin Mary and ends up in the gutters of Sodom."

Dostoevsky, The Brothers Karamazov [2]

"The ambiguity of the human condition seesaws between irrepressible laughter and tears. It is indicative of the complexity that we must gain a balance between rational calculation ... and these tears. [We do that] with this terrible laughter..."

Georges Bataille, The Tears of Eros [3]

Eisinga's films are very different from each other. In some of them he plays the central character himself (**Canoe (red)**, **The Idiot**, **40-44-PG**) while in others, actors perform (**The Sixth Sense**, **Gerdinand & Corline**). His presentation of time also differs: some films deal with an extended moment (**Poor Sheep**, **Grauzone**), while others convey an ongoing narrative (**Gerdinand & Corline**, **Night Porter**). He interchanges documentary style (**Poor Sheep**) with a more theatrical form (**The Idiot**). Irrespective of the forms, however, the films have something in common: they are difficult to 'interpret' and each one plays a subtle game with the viewer's expectations. The works arise partly out of the form but they acquire their meaning from the subversion of the form.

In order to expose the unique quality of Eisinga's films you cannot avoid also considering them as evidence of something that has previously taken place. Marshall McLuhan, famous for his book *The Medium is the Massage* (1967), posited that the media borrow their content from previous 'media hype'. The approach to the essence of Eisinga's films, which lies in the future and differs fundamentally from what has happened in the past in front of the camera, also implies that you take other media into account.

Avoiding the question of whether Eisinga is a visual artist who uses film or a film maker preoccupied with art, his work demonstrates that he employs and combines the codes and conventions from both disciplines. Also, he refers in his work to various other disciplines and cultural categories. The works appear to derive their forms from performance and video art and film, but rarely do they remain safely within these categories. Thus although the films **Canoe (red)** and **40-44-PG** would appear to be directed performances they are in fact conceived as films; and while **Gerdinand & Corline** would seem to be a narrative film that refers to cinema, it clearly presents a different approach within the context of visual art. Every film that Eisinga makes somehow exceeds its boundaries and that is precisely what makes them so provocative.

It's as if Eisinga wants to refute the premises and models of art and film, by consciously using them in an artificial manner. Indeed, his fascination with the artificial can be seen in his use of many styles, clichés, and his references to genres and ideologies that are characterized by pathos and sentimentality such as the comedy of silent films, the drama of the theatre, the picturesque and folkloric of art, the evocativeness of music, the finger-nail-biting tension of the thriller, the enticement of the mystical and the artificiality of language… In each film the mix and balance is different but the viewer always sees numerous recognizable components. However, Eisinga doesn't answer the stereotypical expectations that are aroused by the styles listed above, and as a result the viewer is constantly puzzled. The expected climax or solution of a problem fails to materialize. Or else something utterly unexpected occurs, arising out of a logic which appears curious from a conventional viewpoint. Time and again the viewer is confronted with his own projected ideas bouncing back and confusing the issue.

Not surprisingly, watching one of Eisinga's films may not be an entirely cheerful business. One reason is that the element of parody they contain is often so subtle as to be mistaken for gravity. It is, however, precisely this ambiguity, this tension between satire and seriousness, between true and false, between reality and fiction, that is what Eisinga's films are all about. The viewers allow themselves to be seduced by the pictures but finally have to pose the question: who or what is ultimately responsible for the interpretations that arise and the stereotypes and clichés that march past. The allusions to the artist as martyr, or the apparent religious connotations of some of the images in the films, may in fact arouse feelings of irritation, or possibly a sense of vicarious shame, only immediately to be made to seem ridiculous. The image of a suffering sheep (**Poor Sheep**), an ascension into heaven (**As it was revealed unto Jeroen Eisinga**), celestial missions (**The Idiot**), delusions, visions, resignation… What is going on here? Does Eisinga want to restore the nineteenth-century attitudes towards art and the role of the artist? Is he comparing art and religion, and does he consider himself or the artist as a martyr? Or is he trying to produce a synthesis of the holy, the erotic and the aesthetic, à la Georges Bataille? Or maybe he's poking fun at all this. Is he, in short, a believer or an apostate?

What we find in his films resembles the sense of confusion and loss of direction caused by films such as **Nazarin** or **La Voie Lactée** by the Spanish director Luis Buñuel. The former tells of a priest, the latter about heresies in Christianity, and while some people have seen the films as anti-religious statements others suggested they were sponsored by the Vatican. In his book *Mon dernier soupir (My Last Gasp)*, Buñuel emphasizes that he intended the films primarily as 'journeys through fanaticism. In which everyone clutches fiercely and desperately onto their little scrap of truth, prepared to kill or to die to protect it.' The different types of faith that are illustrated in Buñuel's films were seen by him as applicable to any political or indeed artistic ideology.[4] But the ideologies from Buñuel's time are scarcely relevant nowadays. For Eisinga, what counts are the illusions created and maintained by the media, that affect both the experience and perception of reality and determine people's systems of belief. For even though Eisinga's visual language appears very different from that of the smooth slick media, there is certainly a connection when he plays with the expectation patterns and specific mechanisms of perception that are created by film, video and TV.

None of the public's longings for action, for sensation, for a clear plot and an obvious climax, for the goodies/baddies dichotomy, or for heroes and heroines – expectations aroused by films and TV – are satisfied by Eisinga. The canoe doesn't speed through the water, the artist doesn't succeed in revealing the most important moment of his life, woman and child rise into the air but we don't see them attaining the heavenly heights, in **As it was revealed unto Jeroen Eisinga**; nor in the film **40-44-PG** does the Volkswagen Beetle run over the blindfolded man, and the pathetic sheep is not set upright upon its feet. The woman with the stick in **Gerdinand & Corline** doesn't run amok, the ferocious dog in **The Sixth Sense** doesn't attack anyone, and so on… It is made explicit once again through this interplay of expectations and conventions that the codes of perception which apply in the artistic world have long been infected and watered-down by those of the media. The bitter taste left by Eisinga's films stems from the fact that they reveal the artificiality of the specific perception of art, that is to say, art as a system of belief may equally well be a false teaching.

The anti-heroes in Eisinga's work, such as the resigned figure in an immovable canoe (**Canoe (red)**), a 'king' delivering a speech to a field of corn (**The Idiot**), a night porter fiddling awkwardly with a door (**Night Porter**), a dreamy figure on a bed (**People are foolish, they don't know how to fly**) – have something of the comic aspect of silent comedy films, or the tragi-comedy of Don Quichote and Icarus-like literary characters. Despite the old-fashioned and apparently literary other-worldliness of these characters, and despite the bizarre situations in which they find themselves, they do appeal to the viewer's sympathy – partly because of their evident vulnerability and the familiarity of their characters. They are figures who are repeatedly failures, at odds with their surroundings. But you aren't given any more profound insight into their motives or condition: they remain part of another reality having a system and a logic of their own.

Such films as **The Sixth Sense**, **Gerdinand & Corline**, **Grey Zone** and **Night Porter**, are dominated by a thriller-like, alien tension. However, this isn't worked into a fitting narrative but is suggested by metaphors with which we have become familiar from film and TV. It is the viewers themselves who primarily create the tension, posing questions which the film never concretely formulates. Why does the girl in **The Sixth Sense** film the excited dog? Why does the woman with the stick stalk the gesturing couple in **Gerdinand & Corline**? And what is her connection with the young girl in the film? Who are Gerdinand and Corline? What exactly is the dingy eastern-European atmosphere into which the figure disappears in **Grey Zone**? What precisely is the night porter up to in that dim corridor? In other films a more subtle, almost casual form of suspense dominates. Why does the man in the canoe look behind him? Why is that black car there in the distance in **40-44-PG**? The film itself ignores these questions and they conspire to transform the viewer who desires an interpretation into a kind of lexeme.

What is a canoe paddler, or a king for that matter, doing in a meadow? Eisinga's films are often set in the Dutch countryside (this goes for **40-44-PG**, **Poor Sheep** or **As it was revealed unto Jeroen Eisinga** and **The most important moment in my life**) or the viewer is given brief glimpses of a picturesque rural scene. **The most important moment in my life** is introduced by scenes and music that create a folkloric atmosphere. The opening shots leading up to the picture of a mother and child in front of a farm in **As it was revealed unto Jeroen Eisinga**, present a rustic country road. According to a nineteenth-century idea of the picturesque (a time when the photogenic qualities of nature were discovered) nature reveals itself as a representation, a picture, as a cliché that can be reproduced, that in our time has become identical with nature itself. It is as if Eisinga makes use of the artificial and the *pathétique* within the picturesque in order to emphasize the fictional reality of his films, to stress their phoniness. A slightly alienating effect is achieved – even the everyday countryside exudes an almost exotic reality, removing the filmed scenes far from the viewer.

In his specific use of language, of the spoken word, Eisinga throws the viewers back on themselves, creating a distance between the reality of the perceiver and that of the film. Most of the characters in his films don't speak, or if they do it is either in a highly formal manner or in a foreign language. The idiot talks very solemnly in a kind of Old Dutch; the artist who wishes to communicate the most important moment of his life speaks Servo-Croat, while the subtitles are in English; the spoken text about flying in **People are foolish, they don't know how to fly** is in German. Gerdinand and Corline appear only to use sign language. It seems as if Eisinga, by rejecting the easy, conventional means of communication wants to prevent us from taking what is said as illustrating the pictures, needing to stress that what it's all about is an inner reality which addresses the viewer intuitively through the serene images.

That Eisinga is well aware of the game he is playing with codes and realities, is also apparent from the consideration he gives to the graphic style used in the lettering of title and credits. The lettering is completely different each time, especially in **The Idiot** and **The most important moment in my life**, always reflecting the specific ambiance and form of the film in question. Eisinga uses every element, including music, sound, the colour of the film and the type of film (that is 16 mm, or video or Super 8 film converted onto 16 mm) with utmost forethought to enhance his own visual language which, with the many allusions to known forms and styles is not autistic but specifically gains depth and significance from those very lacunae that emerge. And Eisinga's anti-heroes are renegade heretics. They unleash heretical moments in which the viewer shares in events which remain ultimately incomprehensible. The films arise out of reality but they do not return to it – in this sense only they are mystical.

II. The juggler

Almost every day now for the past few years, behind the large building of the Netherlands Bank in Amsterdam, there has been a young man fanatically juggling with balls. Often he wears no more than a minuscule pair of shorts, come rain or shine, and there he stands hour after hour. Like a maniac, and conveying with his body language a total and utter absorption in what he is doing. It is clear that he isn't standing there to attract an audience or indulge in a friendly conversation. Indeed, he has selected an unfrequented spot for his one-man act – not the obvious arena for a street artist. And the length and monotony of his endless gratis performance (which in fact isn't a performance at all) lead one to suspect that all this exertion isn't to demonstrate a skill or to broadcast a message but, far more profound, has to do with the primary instincts of self-preservation and survival. This fanatical juggler is acting according to an obscure, introverted personal logic which excludes any outside intervention.

Clearly, all this – despite its 'idiotic' or crazy aspect – bears no direct connection with Jeroen Eisinga's small film oeuvre or his exhibition **De Idioot (The Idiot)**. Possibly the juggler is crazy; Eisinga plays the part of the idiot. In his film titled **The Idiot** there is a king who has been given a celestial task to perform in atonement for something. He delivers a lofty and melodramatic lamentation before a corn field. **The Idiot** refers to the book of the same title by the nineteenth-century novelist Dostoevsky, in which he tells the story of the apparently naive Prince Lev Nikolayevitch Mishkin, a man commonly held to be crazy, although surrounded by people who are indeed truly crazy, as well as all kinds of grotesque characters. Will the genuine idiot please stand up?

There is a vast chasm between the juggler in the street and Eisinga, and of course between the forms the two employ. Eisinga directs his work consciously towards a specific public and initiates a deliberate dialogue between himself as artist and his viewers. His films express his ideas in a sublimated manner: his use of the film as medium is carefully calculated, and he employs different styles, genres, formats and codes as well as the model of the presentation/performance to communicate in a distinctive voice. In contrast, the juggler seems to be a complete slave to the form he has chosen, his variety act which has the effect of appearing as if he is giving a dramatic performance and wishes to address the public. You can stand watching him in fascination but you will come away empty, with only a deaf-mute tragi-comic picture to remember.

Yet possibly these marked differences between Eisinga's art and the juggler's obsessive act place in perspective something connected with identity, authenticity, art, reality and the public. The juggler's identity crisis is also, in a way, apparent in Eisinga's work. For example, in the film **The Idiot** it seems quite natural to identify the artist Jeroen Eisinga with the Idiot. But perhaps it's not so simple: Jeroen Eisinga, that is the artist Jeroen Eisinga who acts the part of The Idiot, acts the part of the artist Jeroen Eisinga acting the part of The Idiot, directed by the artist/film maker Jeroen Eisinga. At least six identities are thus involved in this production of **The Idiot**, not to mention those of the viewers. Do these identities overlap seamlessly, are they interchangeable? Who exactly is who? Who is acting what part? And is there one (character) that is essential for the understanding of the work or does this comprehension arise out of a mutual game of attraction and repulsion, from the links between the various identities?

The writer Samuel Beckett once made a series of works in which he wished to express the essence of various media. One of these, titled **Film** and starring Buster Keaton, emphasizes that the nature of a film is determined by the dialectic relationship between the keen film director and the subject, between the film maker and the actor. True or not, with regard to several of Eisinga's films the implications of this could be startling, seeing that the film director and the actor are one and the same person. Or not?

Whether he likes it or not, the juggler in the streets of Amsterdam has an audience that bestows upon him the role of artist, albeit only briefly. After all, it doesn't take an audience long to figure out that something isn't quite right and to start feeling uncomfortable. If you stay watching all the same, you become a voyeur. Not that this worries the juggler... The figures that appear in Eisinga's films persist with great conviction in activities that seem utterly futile. No question that they perform before an audience, either directly addressing the public, as in **The most important moment in my life** or because it is conspicuously absent. In **The Idiot** the audience is a field of corn, an absurdist element addressed with great solemnity by a king whose wits have turned.

The relationship between art and the public appears in these works to be deeply disturbed, or at least unable to maintain as an uncomplicated, straightforward given. Probably in order to escape indifference or uncommunicativeness between art and its audience Eisinga presents performances of performances, directs performances in which he craftily smuggles the public into the film. In **The most important moment in my life** the 'artist Jeroen Eisinga' addresses an audience that is playing a part in the film although you don't notice it. This subtle layering of the representation has the result that 'the public', seen or unseen, becomes part of the performance so that you in the audience become the audience of an audience and can turn the work inside-out *ad infinitum,* shifting realities.

The audience is unimportant for the juggler, because he isn't presenting a show – although the psychological question remains as to why he exhibits his craziness in the public space. Eisinga has one up on his audience while at the same time creating consternation by raising the question of its (the audience's) identity. And through this confusion that which is presented increasingly takes on a strange reality of its own.

So we arrive back at the beginning, in the realm of the disconnected, of the lacunae, surrounded by all that has not been spoken. The essence of the images lies in the future, and continually has to prove itself. Broken connections? Hiatuses? Between what? Between realities, identities and media, between the film and the audience, film and reality, artist and film, artist and audience, between art and film, language and image, between the different images ... in the invisible, intangible lacunae, beyond the skin of the pictures, slumbers the kernel of Jeroen Eisinga's work, stubbornly dissociating itself from language, gaining an identity through the medium of film. In a moment of insight it embeds itself in your memory, possibly like a blind spot, yet nevertheless an image, an inner reality.

Notes

1 F.M. Dostoevsky, *The Idiot*, Amsterdam, 1978, p. 479 (Dutch edition)

2 Cited by Yukio Mishima in his *Confessions of a masked figure*, Amsterdam, 1985 (Dutch edition)

3 Georges Bataille, *The tears of Eros*, Nijmegen, 1986, p. 24 (Dutch edition)

4 Luis Buñuel, *My Last Gasp*, Amsterdam, 1983, p. 272 (Dutch edition)

Filmography

40-44-PG, 1993
Produced and directed by Jeroen Eisinga
Photographed (in colour) by Bart Eisinga
Performed by Jeroen Eisinga
U-matic low band transferred onto 16 mm, sound, 3 min.
Edition of 10
Coll. Museum Boijmans Van Beuningen, Rotterdam;
Koninklijke PTT Nederland NV, The Hague; Stedelijk Van
Abbemuseum, Eindhoven

Kano (rood)/Canoe (red)), 1993
Photographed (in colour) by Jeroen Eisinga
Performed by Jeroen Eisinga
Super 8 film transferred onto 16 mm, no sound, 4 min.
Edition of 10
Coll. Stedelijk Museum, Amsterdam; Museum Boijmans
Van Beuningen, Rotterdam

Night Porter, 1993
Produced, written, directed and edited by Jeroen Eisinga
Sound and photography (colour): Jeroen Eisinga
Cast: Jeroen Eisinga (sleeping figure & porter)
Two vertical Super 8 films transferred onto 16 mm, 7 min.
Edition of 10
Coll. Museum Boijmans Van Beuningen, Rotterdam

Het Zesde Zintuig/The Sixth Sense, 1994
Produced, written, directed and edited by Jeroen Eisinga
Sound and photography (black and white): Jeroen Eisinga
Cast: Roumiana K. Popova
Super 8 film transferred onto 16 mm, 3 min.
Edition of 10
Coll. Boijmans Van Beuningen, Rotterdam; Koninklijke PTT
Nederland NV, The Hague;
Stedelijk Van Abbemuseum, Eindhoven

Het belangrijkste moment van mijn leven/The most important moment in my life, 1995
Produced, written, directed and edited by Jeroen Eisinga
Photography (colour): Bart Eisinga
Cast: Jeroen Eisinga
Super VHS transferred onto 16 mm, sound, 5 min.
Edition of 10
Coll. Stedelijk Museum, Amsterdam; Museum Boijmans
Van Beuningen, Rotterdam

Grauzone/Grey Zone, 1995
Photographed (in colour) by Jeroen Eisinga
Cast: Jeroen Eisinga
Super 8 film transferred onto 16 mm, no sound, 8 min.
Edition of 10
Coll. Stedelijk Museum, Amsterdam; Museum Boijmans
Van Beuningen, Rotterdam

Gerdinand & Corline, 1996
Produced, written and directed by Jeroen Eisinga
Photography (black and white): Bart Eisinga
Editor: Bas Dumoulin
Cast: Tim de Graaf (def man), Sabine Eijsenring (def
woman), Renske Moes (blind woman), Francine Orsel
(young girl)
16 mm, sound, 5 min.
Edition of 10
Coll. Koninklijke PTT Nederland NV

Arm Schaap/Poor Sheep, 1997
Directed by Jeroen Eisinga
Photographed (in colour) by Bart Eisinga
16 mm, sound, 5 min.
Edition of 10
Collection M.V., Belgium

**Zoals het werd geopenbaard aan Jeroen Eisinga/As it was
revealed unto Jeroen Eisinga**, A.D. 1998
Produced, written, directed and edited by Jeroen Eisinga
Photography (colour): Bart Eisinga
Cast: Carine Kappeyne van de Coppello (woman), Jelte van
der Leij (baby)
16 mm, sound, 7 min.
Edition of 10

**Die Menschen sind töricht, sie können nicht fliegen/People
are foolish, they don't know how to fly**, 1998
Produced, directed and edited by Jeroen Eisinga
Photography (colour): Bart Eisinga
Text: Stefan Keagi
Cast: Geert Outjers
16 mm, sound, 5 min.
Edition of 10

De Idioot/The Idiot, 1999
Produced, written, directed and edited by Jeroen Eisinga
D.O.P.: Erwin Roodhart
Steadycam: Jacco Post and Michael Monteiro
Cam. assistant: Jeroen de Bruin
Sound: Wilko van Amerongen
Cast: Jeroen Eisinga
16 mm, 7 min.
Edition of 10

Biography

Jeroen Eisinga
1966
Born in Delft

EDUCATION
1988-1993
Hogeschool voor de Kunsten, Arnhem

Lives and works in Rotterdam

SOLO EXHIBITIONS (A SELECTION)
 1994
De vrije gedachte, Stichting Archipel, Apeldoorn (leaflet)
1995
Stichting CASCO, Utrecht (cat)
1998
The most important moment of my life, Hedah
Bogaardenstraat, Maastricht
Zeno X Gallery, Antwerp
1999
Jeroen Eisinga De Idioot/The Idiot, Stedelijk Van
Abbemuseum, Eindhoven (cat)

GROUP EXHIBITIONS (A SELECTION)
1993
Eindexamen, Hogeschool voor de Kunsten, Arnhem
Fukui Media Art Festival, Fukui, Japan
1994
AVE festival, Arnhem (leaflet)
De Nederlandse Beeldende Film, Riga, Letland
Mind the Gap, De Unie, Rotterdam; Nederlands
Filmmuseum, Amsterdam
1995
De Heelal Hoed, De Vleeshal, Middelburg

Touche Prijs, Arti et Amicitiae, Amsterdam (cat)
Shaking Patterns, W139, Amsterdam
Mind the Gap, De Unie, Rotterdam; Nederlands
Filmmuseum, Amsterdam
1996
Performing on the edge, Tejatro Popolar, Rotterdam
Peiling 5, Stedelijk Museum, Amsterdam (cat)
Crapshoot, Stichting De Appel, Amsterdam (leaflet)
Nominaties NPS Cultuurprijs 96, Kunsthal, Rotterdam
1997
Prix de Rome, De Unie, Filmfestival, Rotterdam (cat/
CD-Rom)
Observaties/Observations, PTT Museum, The Hague (cat)
Diskland Snowscape, Shed im Eisenwerk, Frauenfeld
(leaflet)
1998
Fast Forward, Stichting Fonds voor beeldende kunsten,
vormgeving en bouwkunst, Amsterdam
NL. Contemporary art from the Netherlands , Stedelijk Van
Abbemuseum, Eindhoven (cat)
Het dier als metafoor in de internationale kunst van nu, De
Zonnehof, Amersfoort (leaflet)
1999
Moving Art, Art 30, Basel; Stadtkino, Basel (daily changing
program with new film and video works by contemporary
artists)
EXIT: Art and Cinema at the end of the Century, Chisendale
Gallery, London

Bibliography

TEXTS BY THE ARTIST

1995

'Landing op de maan', *Skrien*, No. 203, p. 51

1998

'Jeroen Eisinga aan Robert Bresson', *Skrien*, No. 228
(December)

1999

'Centerfold', *Skrien*, No. 231 (March)

CATALOGUES, ARTICLES AND REVIEWS (A SELECTION)

1995

D. Ruyters, L. Smits, 'Anno 1995', *CASCO 1995*, Stichting
CASCO, Utrecht, pp. 15-16, 35-36

1996

M. Bloem, L. Coelewij, D. Mignot, a.o., 'Gesprek', exh.cat.
Peiling 5, Stedelijk Museum, Amsterdam, w.p.

W. Sütö, 'Een passage van sluizen, tochtstrips en bouillon-
blokjes', *de Volkskrant*, April 12

H. den Hartog Jager, 'Het spijt me', *NRC Handelsblad*, April
14

I. Schwartz, 'Alles kan toch, als het kunst is?', *de Volkskrant*,
April 19

J. Winkelman, 'Grensoverschrijdend', *Metropolis M*, Vol. 16,
No. 3 (June), pp. 14-16

S. Morgan, 'Crapshoot. De Appel, Amsterdam', *Frieze*, No.
29 (June-August), pp. 64-65

S.N., 'Juryverslag', *Prix de Rome 96 (Fotografie, Film &
Video)*, Prix de Rome/Rijksakademie van beeldende kunsten, Amsterdam, pp. 75-76

1997

S. Langenberg, 'Het poldermodel van Jeroen Eisinga',
Gepalmeerd geluk, Langenberg, 's-Hertogenbosch,
pp. 56-59

M. Levels, 'Film', *Observaties/Observations*, Koninklijke PPT
Nederland, The Hague, pp. 23-24

1998

F. Vande Veire, 'The image is not everything, but behind the
image there is nothing', *NL. Contemporary Art from the
Netherlands*, Stedelijk Van Abbemuseum, Eindhoven,
pp. 40-45

A. Spaninks, De kunst van het grenzeloze. Van
Abbemuseum en De Appel zoomen in op hedendaags werk
uit Nederland', *Eindhovens Dagblad*, February 19

R. Roos, 'Te veel alledaagse beelden. Te gemakkelijk
gebruik video gevaar voor jonge kunst', *Trouw*, March 2

H. den Hartog Jager, 'Overzicht beste dertigers uit
Nederland', *NRC Handelsblad*, March 7

W. Sütö, 'Alleen ademhalen is al een hele krachttoer', *de
Volkskrant*, March 9

E. Doove, 'On-Nederlands', *De Standaard*, September 16

K. de Boodt, 'Gevaar!', *Kunst & Cultuur*, Vol. 31, No. 10
(October), p. 29

1999

J. Hoek, H. Hagenaars, 'Schaap', *The dummy speaks; tijd-
schrift voor jongeren over beeldende kunst*, No. 1, w.p.

A. Spaninks, 'Openbaringen van een idioot: Filmdrieluik
van Jeroen Eisinga in Van Abbemuseum', *Eindhovens
Dagblad*, July 5

P. van de Velde, 'Spotlust drijft Jeroen Eisinga', *De
Telegraaf*, July 29

D. Ruyters, 'Koning Jeroen', *Metropolis M*, Vol. 20, No. 5
(October-November), p. 49

Colophon

This catalogue is published following the
exhibition **Jeroen Eisinga. The Idiot** in the
Stedelijk Van Abbemuseum, Eindhoven,
26 June – 22 August 1999.

STEDELIJK VAN ABBEMUSEUM
Director
Jan Debbaut
Deputy Director
Frank Lubbers

EXHIBITION
Curator
Christiane Berndes
Exhibitions Manager
Marijke Roef
Secretary
Golda Maas
Registrar
Bert de Graaf
Installation
The technical staff of the Van Abbemuseum
under supervision of Theo Wajon

PUBLICATION
Summery of film plots
Jeroen Eisinga, Rotterdam
Jorinde Seijdel, Amsterdam
Editing
Christiane Berndes
Design
Arlette Brouwers, Amsterdam/Emst
Biography-Bibliography
Diana Franssen
Translations
Wendie Shaffer, Amsterdam (Dutch-Eng)
Filmstills
Jeroen Eisinga, Rotterdam
Publisher
Stedelijk Van Abbemuseum, Eindhoven
Acknowledgements
Zeno X Gallery, Antwerp
Scans & Printing
Lecturis bv, Eindhoven
Typeface
FFScala, FFScalaSans
Paper
Scaldicoat mat, 150 grams

Distribution
NAi Publishers, Rotterdam
f: +31 (0)10 2010 130

Available in North, South and Central America
through D.A.P./Distributed Art Publishers Inc,
155 Sixth Avenue 2nd Floor, New York, NY 10013-
1507, Tel. 212 627.1999 Fax 212 627.9484

Available in the U.K. and Ireland through Art
Data, 12 Bell Industrial Estate 50 Cunnington
Street, London W4 5HB, Tel. 181 747.1061, Fax
181 742.2319

Printed and Bound in the Netherlands

ISBN 90-70149-78-8

Cover
Poor Sheep, 1997, filmstill